한상기 명상시집

아프리카, 광야에서

한상기 명상시집

아프리카, 광야에서

따뜻한손

아프리카 삼수갑산 가자 하니
선뜻 따라 나서 23년간 무진 고생을 같이 하며 나를 뒷바라지하여 준
사랑하는 아내 김정자 필로메나에게

To My Dear Wife

Philomena Jung Ja Kim Hahn

who accompanied and helped me with devotion throughout

a long and rough journey in Africa

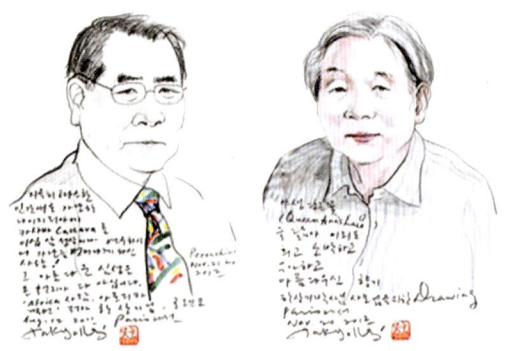

■ 머리말을 대신하여

　은총의 시간이었습니다. 이 땅에서 태어나 공부하고, 10년째 모교 강단에 서서 학생들 가르치는 일에 한창 재미를 붙이고 있을 때, 나에게 두 가지 선택권이 주어졌습니다. 영국 케임브리지대 식물육종연구소로 오라는 티켓과, 나이지리아에 막 설립된 국제열대농학연구소로 오라는 티켓이었습니다. 갈림길이었지요.
　먼저 나이지리아로 날아갔습니다. 그것이 인생의 황금기를 아프리카 땅에 바치게 할 운명의 순간인지도 모른 채. 다량생산 벼로 우리나라에서 보릿고개를 몰아내 준 국제미작연구소의 업적에 늘 빚을 진 느낌을 갖고 있던 나는 영국에 가는 것을 포기하고 돌아왔습니다.
　집사람을 설득하고, 짐을 꾸렸습니다. 큰아이만 한국에 남겨두고 세 아이를 데리고 이듬해 초여름에 떠났으니 1994년까지 만 23년간 — 긴 세월을 '검은 대륙'의 식량난 해소에 매달린 대장정의 첫 걸음치고는 단순하고 명쾌했다고 할까요.
　나에게 주어진 연구과제는 카사바·얌·고구마 같은, 가난한 아프리카 사람들의 주식 작물을 개량하는 것이었습니다. 나중에는 식

용바나나도 개량해 주었더니, 다들 만족했습니다. 당시 아프리카는, 가는 데만 여러 날이 걸릴 만큼 우리에게 미지의 땅이었습니다. 사전 지식이 전무했을 뿐 더러, 고구마를 빼 놓고는 단 한 번 본 적도 없는 생소한 작물들이었습니다.

그래도 오로지 우리보다 더 가난한 사람들이 주린 배를 펼 수 있게 해 주고 지금보다 훨씬 덜 알려진 내 나라의 명예와 위상을 높이는 데 기여하자는, 먼저 배운 자로서의 의무와, 새로운 것에 대한 도전을 마다하지 않는, 과학하는 사람으로서의 열정이 풍토병 심하고 위험천만한 곳에서 하루도 결근 하지 않고 일에 매진하게 하는 원동력이 돼 주었습니다.

나는 시도 때도 없이 아프리카 여러 나라로 출장을 가야 했습니다. 나로서도 낯설고 고독한 생활의 연속이었으니, 아내의 고통이야 이루 말할 수도 없었겠지요.

그래도 자연 그대로의 대륙을 구석구석 둘러보며 독특한 풍물과 풍경, 때 묻지 않은 사람들의 원초적 삶의 지혜를 기록한 것이 공책으로 벌써 160권이나 됩니다. 그 가운데 몇 편의 시를 추려 「뿌리」와 「한국문인」에 발표했고, 몇 권의 책을 쓰기도 했으니 기대 이상의 결실이라고 해야겠지요.

그동안 은총의 세월이 많이 흘렀습니다. 여기 모은 글들은 대부분 자연에 대한 경외 그리고 그 속에서의 인간의 삶과 신앙을 노래

한 것입니다. 하늘과 땅과 사람을 연결 지어 나름대로 해석한 것들이지요. 여전히 미숙하지만, 이역만리 광야에서 관조하고 명상하며 기도를 통해 얻은 영적 체험을 전하고 싶어 용기를 냈습니다.

큰아들 석철과 손자 규상이가 영문 번역을 교열해 주었으니, 한국에서 아프리카를 거쳐 미국에 이르는 광대한 공간과, 3대에 걸쳐 반세기 가까운 시간이 농축된 결과물인 셈이지요.

나도 미처 생각지 못 했던 것들을 정확히 짚어 냄으로써 어쭙잖은 글에 의미를 부여해 주신 연세대학교 정과리 교수님과 대전대학교 김래호 겸임교수님께 감사드립니다.

부끄러운 시집을 추천해 주신 강창희 국회의장님·정운찬 국무총리님·조순옥 시인님께 마음에서 우러나오는 경의를 표합니다.

우리 부부의 모습을 그려 주신 정택영 화백님께 진 빚은 마음에 새겨 두겠습니다. 홍익대학교 교수 자리를 던지고 파리에서 활약하시는 것은 익히 알고 있었으나, 그분이 이름만 들어도 가슴이 뛰는 아름다운 시인 정지용 선생의 손자라는 사실은 이번에 처음 알았습니다.

직간접으로 격려와 관심을 표해 주신 모든 분들도 오래도록 기억하겠습니다. 고맙습니다.

2014년 청마해 새봄, 고국의 하늘 아래에서
한상기

1부
해와 종려나무

12 광야로 꾀어내어
14 광야에서
16 사하라 사막의 작은 발자국
20 아프리카에서 산다는 건
26 강 건너 저쪽에
29 강
31 구름도 가는 길이
36 나는 나무야
40 넝쿨 콩
42 조약돌
46 땅 속의 돌
51 민들레
54 바다는 그래서 크다
58 바다는 꼭 돌려준다
61 부초
64 바위 틈바귀에

66 아카시아와 떡갈나무
71 자연은 벙어리
77 진리의 강
80 질경이
83 칸나
86 태초의 강
89 파도야
91 해와 종려나무와 나
94 화살 같은 적막

2부
낮에는 둘 밤에는 하나

- 98 가져 온 것도 없는데
- 100 거북이가 자라 보고
- 102 겉에 매이지 말아야
- 105 그때까지 난 몰랐지
- 107 다 버리고 나면
- 111 깨진 그릇
- 113 나는 보았네
- 117 나와 이름
- 121 나와 진리와 생명
- 125 낙엽
- 127 낮에는 둘 밤에는 하나
- 131 내 눈은 작아도
- 133 눈과 귀를 부려서
- 136 다닌 데는 많은데
- 139 수직의 힘
- 141 우리 앞집 졸망이 개
- 144 이민 유감
- 147 입
- 148 집 주인 없는 목련
- 152 척하며 사는 인생
- 157 친구 집 등불
- 162 파암波岩
- 165 한식구
- 169 행복의 보금자리
- 171 환희로 가는 표

3부
서로의 거름이 되어

178　0=1
182　길
186　껍질을 벗기고 또 벗겨
191　나는 사공
194　사랑
197　내 마음은 나침반
199　내 생명 당신 이름으로
202　삼등석에서
207　믿음과 은총
210　뿌리
214　사랑과 증오와 삶
216　사랑은 사랑에서 사랑으로
219　생명
222　생명이 없었더라면

226　서로가 서로의 거름이 되어
230　시는
232　시간이 머무는 곳에
235　없되, 가득하게
237　영혼의 꿈
243　옹달샘 속에는
245　자본자근 自本自根
248　죽을 때까지 웃으리라
250　중심의 중심
252　하느님 사랑
254　하느님에게는 그릇이 필요 없다
256　호박에 귀가 있다더냐
261　샹그릴라로 가는 길

265　**시를 읽고** 가난을 구제할 소명을 사랑으로 승화시킨 시편들 – 정과리
277　**시를 읽고** 모순과 역설, 그 성찰의 노래 – 김래호

1부
해와 종려나무

광야로 꾀어내어

이제 나는 그를 꾀어내어
광야로 나가
사랑을 속삭이게 하여 주리라. (호세 2,16)

나는 이제 너를
아프리카 광야로
꾀어내어
사랑을 속삭이게 하여 주리라.

그래서 나는 주님의 꾐에
넘어 갔습니다.
주님의 억지에
말려들고 말았습니다. (예레 20,7)

I Will Lure You

'I will lure him
Into the wilderness.
I will lead him and
Speak to his heart.'

I will lure you
Into the wilderness of Africa.
I will lead you and
Speak to your heart.

'O Lord, you have enticed me,
And I am enticed.
You have overpowered me,
And you have prevailed.'

광야에서

하느님께서는 이렇게 나를
아프리카 광야로 꾀어내시어
거기서 일하고
거기서 보고
거기서 듣고
거기서 느끼도록 인도하셨네.

거기서 말씀 듣고
거기서 빛을 보고
거기서 사랑을 속삭이고
거기서 생명의 의미를 깨닫게 하여 주셨네.
거기서 하느님께 더 가까이 이끌어 주셨고
거기서 하느님 더 생생히 체험할 수 있는 은총 주셨네.

On the Wilderness

Lord has allured me as such

Into the wilderness in Africa

And led me to seize the marvellous opportunity to

Work there,

See there,

Hear there,

Feel there.

Where I could hear the Word of God,

I could see the light,

I could fall deeper in love

I could understand the meaning of life,

I could get closer to God,

So I could have vivid experience of God.

사하라 사막의 작은 발자국

이 넓은 사하라 사막에서
한줌의 모래를 집어 봅니다.
이 무진장한 대기 속에서
한숨의 공기를 마셔 봅니다.
이 무한한 시간 속에서
한번 눈을 살며시 감아 봅니다.

이 넓은 사하라 사막에
이 작은 발자국 남기며
걸어 봅니다.
언제 태풍으로 메워질지 모르는
발자국 남기면서
한번 걸어 봅니다.

내 맥박을 장단 삼고
저 북극성을 나침반 삼아
드넓은 사하라 사막에
아주 작은 발자국 남기면서
한 발짝 한 발짝 걸어 봅니다.

Small Footprints on the Sahara Desert

On this vast Sahara desert

I hold a handful of sand in my tiny fists.

In this inexhaustible atmosphere

I take in a little breath.

In this limitless time

I stealthily close my eyes for a short while.

On this vast Sahara desert

I take a walk

Leaving small footprints

Without knowing when

They may be erased by sand

As it blows in the wind.

With my pulse as rhythm and

The North Star as a compass

I take a walk leaving small footprints

On this vast Sahara desert.

거대한 사막에 서면, 인간은 미약한 존재라는 사실을 절실히 느끼게 됩니다. 나도 그곳에서 "그분은 더욱 커지셔야 하고 나는 작아져야 한다(요한 3,30)"는 말씀을 실감했습니다. 무한 속에서 유한함을 깨닫게 된 것은 절망적인 체험이지만, 신앙이 나의 유한한 존재성을 무한과 연결해 주었으니, 참으로 특별한 은총입니다.

이 시는 내 신앙의 여정에서 오래 지워지지 않을 기록입니다. 이것은 나의 내면으로의 여행입니다. 육신의 여행이기도 하고, 영신의 여행이기도 합니다. 유한성 대 무한성, 유한한 생명 대 무한한 생명, 무의미 대 심오한 의미, 절망 대 희망 그리고 우주와 내 자신과의 관계를 보다 뚜렷이 알게 해준 여정이었기 때문입니다.

캄캄한 밤 북극성을 나침반 삼아 사막을 걸어가듯, 주님을 나침반 삼아 나는 이십삼 년간 단 하루도 결근 없이 일했고, 일하며 생각했고, 생각하며 노력했습니다. 사막은 말이 없습니다. 무한 속에서 영원한 침묵을 지키고 있습니다. 그러면서도 시간과 공간의 한계로부터 초탈할 수 있게 해 줍니다. 무한의 세계, 영원의 세계로.

아프리카에서 산다는 건

아프리카에서 산다는 건
참으로 외롭고
어려운 생활의 연속이지요.

끝없이 이어지는 낯선 땅에서
오직 우리 내외만이
얼굴 맞대고
외로움 달래 가며
살아 온 것이지요.
스무 해 넘게
그렇게 고통 삼켜 가며
살아 온 것이지요.

집사람은
내 봇짐을
몇 백 번이나 쌌을까요.
잘 다녀오라 손 흔든 게
몇 천 번이었을까요.
혼자서 지샌 밤은

또 몇 천 밤이었던가요.

좁은 길
황톳길
진흙길
숲속 길
꼬부랑길
그 얼마나 나는 달렸던가요.

찌는 듯 내리쬐는 햇빛 아래
우리는 얼마나 진땀을
흘렸던 가요.

멍청히
비행장에서
연착 연발 비행기
기다리길
그 몇 십 날이었던가요.

말도 마세요.
말라리아는
몇 번이나

걸렸다고요.

죽을 고비는 또 얼마나 당했고요.

항상 함께하여 주신

주님 은혜로

오늘이 있지만요.

●

Our difficult and lonely lives in Africa

Our lives in Africa are

Very lonely and

Very difficult.

There is no relative

In this vast continent

To whom we can express

Our difficulties.

We only couple face to face

And comfort each other

And swallow the pains.

So we did live in Africa

For more than twenty years.

God is always

Close to us,

Recognizing us,

Encouraging us,

And pleasing us.

Giving us strength and courage,

He has brought us

To the present day.

How many hundreds of times

Did my wife pack my bags

For my official travels?

How many thousands of times

Did she wave her hands

Saying, 'Have a safe journey'?

How many thousands of nights

Did she spend alone with her eyes open?

Narrow roads,

Clay roads,

Mud roads,

Rain forest roads,

Bending and steep roads,

How far did I travel?

Under the hot sun

How much

Did we sweat?

Dull-headed,

At airports

How many tens of days

Did I wait for

The delayed planes?

How painful we are!

How many times

Did we experience

Malaria attacks?

How many times did we experience

The dangers of death?

By the grace of the Lord God

Who has always been with us,

Thank God we are alive till this day.

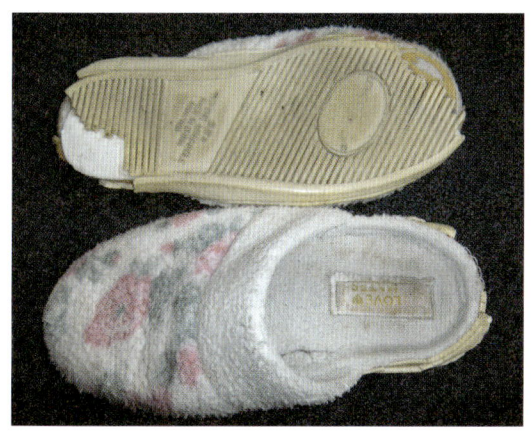

아내의 낡은 슬리퍼. 아프리카에서는 모든 것이 귀해서, 아이스크림 먹고 나온 플라스틱 통, 물건 살 때 따라 온 비닐 봉지, 빈 병, 헌 신문지 같은 것이 다 소중한 재활용품이었다.

강 건너 저쪽에

강 이쪽에서
나이를 먹는데
강 건너 저쪽에서
늙어가네.

강물은 끊임없이
흘러가는데
강은 아무렇지도 않은 듯
그대로네.

물이 흘러 강이 되었지만
강은 물을 무심코 보내기만 하고
강물은 자꾸만 늙어 사라지는데
강은 우두커니 바라만 보네.

흘러가는 강물이 나루터를 알 리 없고
사공인들 알아 줄까마는
오늘은 잠깐 나룻배 타고
강 건너 저쪽에 가 보았네.

To the Other Side of River

Although I am aging
On this side of river,
I am getting older
On the other side of the river.

A river runs
Perpetually.
A river looks as if
It always stays the same.

Initially water flew down and made a river.
But it unintentionally lets water go.
The water gets old and goes away perpetually,
While the river watches in vain, having no control.

The running river does not care about
The boarding dock or the ferryman on the riverbank.
But, today, I managed to cross the river on a boat.
And visited for a while the other side of the river.

우리는 여기 이쪽(현세)에 있고, 하느님은 저기 저쪽에 계신다고 생각하기 쉽습니다. 강은 물리적 장벽이지만, 정신적으로는 언제든 넘나들 수 있습니다. 하느님 역시 강 이쪽에서 찾을 수도 있고, 강 저쪽에서 찾을 수도 있습니다. 우리는 하느님을 여기 이쪽에서도 찾아야 합니다. 아니, 이쪽에서 더 열심히 찾아야 합니다.

강은 변하면서 변하지 않고, 변하지 않으면서 변하고 있습니다. 상변항존常變恒存이지요. 우리 인간도 변하지 않으면서 변하고, 변하면서 변하지 않고 있습니다. 우리는 이런 강을 넘나들고 있습니다. 어제도 오늘도 내일도 여전히 넘나들고 있습니다. 공간과 시간 속에서 존재작용을 감지하며 넘나들고 있습니다.

강

강은
    총부리를 들이대도
    대포를 겨누어도
    폭탄을 터트려도
    한 발짝도 끄떡 않고
제 자리를 지킨다

강은
    변덕스럽게
    이리 옮겼다
    저리 누웠다
    하지 않고
늘 항심을 지킨다

Rivers

Rivers
    Even when bombarded by canons
    Even if explosive bombs are dropped
    Their perpetual movements
    Never miss a single step
Keeping their flow

Rivers
    Never change
    Never move
    Never turn
    Never alter their paths
Constantly staying on their original course

아프리카 대륙이 대체로 그렇듯이, 콩고공화국은 여러 차례 극심한 정치적 격변을 겪은 나라입니다. 정권이 바뀌고 권력이 교체되면서 나라 이름도 여러 차례 변했습니다. 그때마다 총부리에 살상된 양민들이 셀 수 없이 많았지요. 그러나 콩고 강(자이레 강)은 오늘도 유유히 흐르고 있을 것입니다. 예전에 언제나 늘 그랬듯이.

구름도 가는 길이

금방 떴다 가 버리는 구름에도
다니는 길이 있다
금세 뭉쳤다 곧 흐트러지고 마는 구름에도
가는 길이 있다

저 밑에 엉겅퀴 꽃이 있건 말건
사막의 장미가 있건 말건
아랑곳 않는 구름에도
가는 길이 있다

어려운 이의 목마른 사정 모르고
무심히 지나가는 구름에도
가는 길이 있다

언젠가 어디선가
비를 내리지 않고서는 안 되는
길이 따로 있다

제 길 따라 가는 구름

비를 내리지 않고서는 안 되는 구름

그에게는 가는 길이 있다

•

Even the Clouds Have Their Ways

Even the clouds that suddenly appear

And quickly go away have their ways of coming and going.

Even such clouds have their ways

That suddenly gather but soon scatter away

Regardless of the presence of thistles

And desert roses below on the dry land

They go their own ways seemingly

Without paying attention to them

Even the clouds pass on by

Not knowing of

The thirsty poor people

They go their own way

They have their ways though

Through which

They must drop down their rains

The clouds that follow the ways

Have their unique way

To drop down without failure to rain

1991년 5월 14일, 나이로비에서 아디스아바바로 가는 비행기 안에서 이 시를 쓰고서도 최민순 시인이 『밤』이라는 시집에서 노래한 '엉겅퀴'를 만날 때까지 나는 엉겅퀴가 가지고 있는 상징성을 몰랐습니다.

> 나는 국화의 웃음을 지니지 못합니다
> 매화 같은 향기도 풍길 줄 모릅니다
> 죽은 듯 살아 있는 끈덕진 목숨
> 나는 나대로의 절개를 지키기 위하여
> 억센 가시가 돋쳤을 뿐입니다
>
> ('1961년 1월 20일 마드리드'라고 작품의 배경을 밝힌 시의 일부)

나일 강 두 지류가 서로 만나는 수단 남부에서는 신기한 꽃나무를 만났습니다. 사막의 장미였지요. 그 뒤, 사하라 사막 언저리에서 그 꽃을 한 그루 구해 아프리카 집 앞 뜰에 심어 놓고, 꽃 피기를 기다렸습니다. 우리가 떠난 뒤, 그 꽃은 아마도 뽑혀 버렸겠지요.

겨울이면 눈이 많은 클리블랜드에 정착해서도 사막의 장미를 못 잊어, 꽃가게에서 구해다 화분에 심어 놓고 매일 들여다보았습니다. 그때마다 내 머릿속에는 아프리카 푸른 하늘에 뭉게뭉게 떠가는 하얀 구름이 떠올랐습니다. 그 아래 피어 있던 엉겅퀴도 생각났습니다. "하늘에 있는 구름은 생각과 함께 떠오른다. 다정스레 떠오른다(雲在意具遲)." 두보가 이렇게 읊었듯이.

가느다란 버들과 새 창포 잎을 보고 "너희들은 누구를 위하여 그리도 푸르냐(細柳新浦爲誰綠)"고 물었던 두보처럼, 나도 엉겅퀴에게 묻고 싶습니다. '엉겅퀴여! 네 가시는 누구를 위하여 그리도 뾰족하단 말이냐?'

> 손 때 묻지 않은 들꽃
> 네 이름이 엉겅퀴라지.
> 네 생명 고이 기리기 위해,
> 온몸에 가시를 달고 있다더구나.
> 너는 그러나 남을 해치려는 이가 네 가시에
> 스스로 찔리게 할 뿐.
> 너는 거무스름한 하늘 저 높이 달과 마주하여

무수한 별들을 밤잠 설치며 헤아렸겠지.

해에서 발한 빛이 그 많은 별들까지

수억만 리 길 다녀와 다시 너의 가슴에

저 하늘의 신비를,

그 오묘한 비밀을

모두 하나하나 전해 주었겠지.

나에게 그 신비를, 그 비밀을 좀

귓속말로 넌지시 알려 줄 수 없을까. (1998년 8월 11일)

나는 나무야

나는 나무야.
불을 붙이면
활활 탈 수 있는
땔나무야.
연기는 바람에 날리고
재는 땅 위에 뿌리고
내 몸을 뜨겁게 불을 달구어
밝은 빛으로 바꿀 수 있는
힘을 갖고 있는
땔나무야.

그러나 홀로는 잘 탈 수 없어.
여럿이 함께 있어야 해.

활활 타서 연기는 버리고
붉은 불, 밝은 빛, 뜨거운 열을
발산할 수 있는 잠재력이
바로 성령이야.

주님이 불을 붙여 주시면
내 안에 계시는 성령께서는
나를 태워 불을 내어
빛과 뜨거움을 발하시고
연기는 날려 버려 주시지.
그러면 남는 것은 재뿐이야.

땔감으로 쓸 나무를 가득 실은 나이지리아 트럭.
아프리카에서는 어디를 가든, 죽은 나무를 땔감으로 쓰지,
생나무를 잘라 그것을 말렸다가 땔감으로 쓰는 법이 없다.

I am Firewood

I am firewood

That has potential

To burst into huge flames

When ignited by a spark.

I am firewood

That can emit bright light

By covering its body heat with fire.

Smoke is blown away by the wind and

Only leaves the ashes in the earth behind.

I cannot burst alone.

There must be kindling combined.

The potential is the Spirit

That can produce

A blazingly, bright light, and heat,

Emptying smoke

While burning with huge flames.

When the Lord sets fire

The Spirit within me ignites my body

Producing flames with

Light and heat,

Smoke is blown away by the wind.

Ashes are all that remain.

넝쿨 콩

눈도 없는 것이
귀도 없는 것이
코도 없는 것이
어찌 그리도 용하게
받침대를 찾아 올라간단 말이냐

성당의 종소리
울려오는데
나의 귀는 있어도 멀었는가

가냘픈 넝쿨 콩이여
내 너 앞에
한없이 부끄럽구나

Bean Plant Vines

A vine with no eyes

No ears

No nose

How can it find the post to climb?

The sound waves of chiming church bells hit me

But I cannot hear them

For my ears must be hard of hearing

I feel extremely embarrassed

In front of a bean plant

With its slender vines

조약돌

강가의 조약돌
처음부터 둥글게
태어난 건 아니야.

쪼개지고 쪼개지기 몇 백 번,
둥글리고 둥글리기 몇 천만 번,
부딪치고 부딪히기 몇 억 번,
씻기고 씻기기 몇 천 년,
깎이고 깎이고 또 깎이어
그렇게 둥근 조약돌 된 거야.

가슴속에 들어 있는 사람 마음
처음부터 둥글게
태어난 건 아니야.

쪼개지고 쪼개지기 몇 백 번,
둥글리고 둥글리기 몇 천 번,
부딪치고 부딪히기 몇 만 번,
씻기고 씻기기 몇 십 년,

깎이고 깎이고 또 깎이어

그렇게 둥근 마음 된 거야.

•

Round Pebbles

The round pebbles along the riverside
Were not born round
Right from the beginning
As they were.

Broken and broken hundreds and hundreds of times,
Rolled and rolled thousands and thousands of times,
Collided and collided millions and millions of times,
Washed and washed a many thousand years,
Ground and ground repeatedly,
And so became round the pebbles.

The round mind in the heart of a man
Was not born round
Right from the beginning
As it was.

Broken and broken hundreds and hundreds of times,

Rolled and rolled thousands and thousands of times,

Collided and collided tens and tens of times,

Washed and washed for tens and tens of years,

Ground and ground repeatedly,

And so became round his mind.

서로 다른 종種의 교잡을 이종 간의 교잡이라 합니다. 바이러스와 박테리아에 강한 형질을 가진 야생종들의 교잡을 통하여 나는 병에 강한 다수확 품종을 만들어 아프리카에 보급했습니다. 카사바는 브라질이 원산지입니다. 거기에만 40~50개의 야생종이 보고 돼 있습니다.

카사바 야생종을 채집하기 위하여 1992년과 1993년, 두 차례에 걸쳐 브라질에 가, 브라질 유전자원연구소에 근무하는 친구와 매년 1만 킬로미터를 자동차로 달렸습니다. 1993년 바히야 쪽으로 갔을 때에는 차가 강바닥에 쑤셔 박혀 옴짝달싹 할 수가 없었습니다.

다행히 어둡기 전이라, 친구가 강 건너 마을로 걸어가서 도움을 청했습니다. 그동안 나는 기다리면서 둥근 조약돌을 주웠지요. 지금도 그 조약돌들을 간직하고 있습니다. 트랙터를 몰고 와서 우리 차를 꺼내 준 시골 농부에 대한 감사한 마음과 함께.

땅속의 돌

땅속 깊숙이 묻혀 있는 돌
이끼 끼지 않으나
땅속에서 밖으로 들춰 나온 돌
이끼 잔뜩 끼네.

어쩌다가 땅속에서 튀쳐나오니
여기가 바로
이끼 끼는
속세로구나.

땅속으로부터
속세로 나와 보니 얼마 안 가
온 몸에 이끼투성이.
발바닥만 여전히
뽀얗고 뽀얄 뿐.

비 온 뒤엔
제 아무리 햇볕 쪼여도
온 몸에 이끼 낀다.

그늘진 데 있는 돌은
더 잘 이끼 낀다.

돌에도 얼굴이 있다.
코가 있고 눈이 있고 귀가 있다.
몸뚱이가 있고 다리가 있다.

얼굴에도 이끼 끼고
몸뚱이에도 이끼 끼고
다리에도 이끼 낀다.
그러나 오직 발바닥은
이끼 끼지 않아 뽀얗다.

언젠가 다시 땅속에
깊숙이 묻히게 되는 날
온몸에 낀 푸른 이끼
모두 벗어버릴 것이니
새 세상을 밤낮 손꼽아
기다려 보렴.

Stones Deep in the Ground

There is no moss on the stones

Buried deep in the ground.

But the stones exposed

To the air

Become covered with moss.

As the stones come out

From the ground by chance,

They soon discover a world

Covered with moss.

So it is with the stones that come

Out of the ground into this world.

The stones grow full of moss

Except on the soles of their feet.

Whenever and wherever it rains,

Although they frequently receive light,

Their whole bodies cannot escape the growing moss.

Those placed under the shade grow moss more rapidly.
The stones also have their own faces.
They have noses, eyes, ears,
Bodies and legs.

Their faces grow moss,
Their bodies grow moss,
Their legs grow moss.
But the side that faces in the ground
Does not grow moss.

Some day when they are buried
Back in the ground again,
The moss on their bodies will disappear.
Let us wait day and night
For a new world
To come.

땅속에서 나와 이끼 낀 돌

민들레

민들레가
우리 집 뜰에
날아오기 전까지는
잡초가 아니었다

민들레가
우리 집 뜰에서 자라
꽃을 피우니
잡초가 되었다

민들레는
해마다 뽑히고 또 뽑혀도
뒤돌아서면
나오고 또 나온다

민들레가 들에서
또 옆집에서 자라
꽃피고 열매 맺어
날아오기 때문이다

Dandelions

Dandelions are

Not weeds

Until they come and appear

In my garden

Dandelions become

Weeds when they arrive,

Germinate, grow, and produce flowers

In my garden

Dandelions come up

Continuously even though they were

Uprooted again and again repeatedly

From my garden

Because dandelions reinvade

From the fields and neighbours

And germinate, grow, produce flowers

In my garden

봄이면 민들레가 먼저 핍니다. 민들레는 양지 바른 데서 더 잘 자랍니다. 잔디밭을 아무리 잘 가꾸고 제초를 해도, 옆집에서 종자가 날아와 계속 번식합니다. 잡초 씨는 20년 이상 땅속에서 살아 있다가 조건이 좋으면 언제든지 머리 들고 나올 만큼 생명력이 강하지요.

세상에는 정성껏 가꾸어도 제대로 자라지 못 하는 꽃이 있고, 가꾸지 않아도 저절로 자라는 풀이 있습니다. 잡초란 원치 않는 곳에 있는 풀입니다. 사람의 필요에 따라 풀의 개념이 달라지는 거지요. 인간이 어떻게 정의하든, 민들레는 끊임없이 날아와 잡초가 되지만.

염念이 일면 악惡을 불러들이고, 염이 거去하면 악도 물러납니다. 불가에서 무념無念을 중시하는 게 그 때문일 것입니다. "마음이 일면 갖가지 현상이 일어나고, 마음이 멸하니 땅과 무덤이 둘이 아님을 알았다"는 원효대사의 깨우침이 이와 다를 바 없을 것입니다.

바다는 그래서 크다

개울물
냇물
강물
바다
이 가운데 바다가 가장 낮고
개울물이 가장 높다.

가장 작고 하찮은 게
가장 높다고 요란스럽게 흐르는 개울물이다.
하지만 가물이 들면 가장 쉽게 말라붙는다.
강은 비교적 크고
제법 물도 많이 수용한다.
하지만 어디, 바다만 하겠는가.

크고 많이 오래 물을 담을 수 있는 것은 이렇게
낮은 법이다.
낮아서 크게
낮아서 많이
낮아서 오래 담는다.

바다,

너는 그래서

이렇게 위대하다.

아프리카 동쪽 바다 가운데 있는 작은 섬나라 세이셜 풍경.
매우 깨끗하고 아름다운 백사장을 가진 해변이 도처에 즐비하다.

Oceans are Greatest Because···

Creeks

Streams

Rivers

Oceans

The lowest lying body of water is the ocean.

Creeks are the highest lying body of water.

Streams and rivers come next.

The ones that run the most clamorous are creeks

With the pride of being the highest

But drying out first when drought sets in.

Although rivers are relatively big

And hold much water

They never can be as big as the ocean.

The one that can accommodate

Much water forever is always low.

Ocean, you are the lowest.

So, largest you are,

So, most you have,

So, long lasting you are.

So, you are the greatest of all.

　나는 강을 좋아 합니다. 자연의 섭리에 따라 꾸불꾸불 흘러가는 강을 좋아 합니다. 아마도 내 고향 앞을 흐르는 백마강과, 칠갑산에서 흘러드는 까치내 같은 샛강에 대한 그리움 때문이겠지요. 고향에 대한 향수 — 이것이 나를 아마존·나일·미시시피·양쯔·황허·메콩·갠지스·니제·라인 같은 수많은 강을 두루 찾게 한 모티브일 것입니다.

　아프리카의 대동맥과도 같이 검은 대륙을 누비는 자이레 강(콩고 강)은, 수량으로 따질 때 세계에서 두 번째로 큰 강입니다. 아프리카 중심부에 내리는 그 많은 비를 받아 1초에 3천 8백만 리터의 물을 대서양으로 흘려보냅니다. 대서양이 자이레 강보다 낮기 때문입니다. 큰 바다는 큰 강보다 더 낮은 데에 그 미덕이 있습니다.

바다는 꼭 돌려준다

바다는
받은 것을
꼭 돌려 줄 줄
안다

하늘은
받은 것을
꼭 돌려 줄 줄
안다

이 이치를 따르라
소리친 사람들은
소식이
캄캄하다

바다가
비웃는다
하늘이
비웃는다

Oceans Return Without Fail

Oceans
Know how to
Return without fail
What they owe

Heaven
Knows how to
Return without fail
What it owes

People insist
To follow this rule
But they do not
Practice it

Oceans
Mock at it and
Heaven
Roars at it

모든 강이 생명의 터전이지만, 자이레 강은 워낙 커서 1500종의 개화식물과 125종의 동물, 400종의 새, 100종의 파충류, 60종의 양서류를 키우는 거대한 자연의 보물창고입니다. 그러니 모든 것을 다 받아들이는, 어머니 품처럼 넉넉한 바다야 더 말할 필요도 없지요.

나는 자이레 강을 수십 번 찾았습니다. 하구에 있는 항구도시 마타디에서 무서워 벌벌 떨며 밤을 지새운 적도 있고, 자이레의 수도 킨샤사에서 수백 날을 보낸 적도 있습니다. 선교사들과 강물을 퍼 마시기도 했으며, 땀에 젖은 몸을 씻었던 기억도 납니다.

열대우가 퍼붓고 지나간 어느 날, 강변도로에서 자동차가 미끄러지는 바람에 하마터면 강물에 휩쓸릴 뻔 했던 순간도 있었습니다. 자이레 강은 내 존재 이전에도 있었고, 내 존재 이후에도 무궁히 흘러내릴 것입니다. 진리를 담고, 진리를 영원히 흘러내릴 것입니다.

부초

태고를 안고 둥실둥실
현재로 흘러내리는
저 강물

온 데 모르고
갈 데 모르면서
강물에 떠내려가는
저 부초

다시
태곳적 시간으로
돌아갈 날이 올까

The Water Hyacinths

The River Zaire

Runs into the present from the ancient

Carrying down so many water hyacinths

On the river

The water hyacinths are rapidly carried down

Not knowing where they come from

Or where to go

Yet can they

Go back

To their ancient time?

자이레 강 상류에는 곳곳에 늪지대가 펼쳐져 있습니다. 그곳에서 서식하고 있는 여러 가지 수생식물 가운데 나의 눈을 사로잡은 것은 물 히야신스입니다. 우기가 닥쳐 폭우가 쏟아지면, 엄청나게 많은 수초가 강물을 따라 둥실둥실 흘러갑니다. 저 상류에서 싹이 트고, 거기서 자라다 물길에 휩쓸려 길고 긴 강 위를 떠내려가는 부초.

급류에 쓸려 앞 다투어 저 큰 바다로 흘러가면 물 히아신스는 염분 때문에 더 이상 생명력을 유지할 수 없을 것입니다. 그 이전에 거센 파도에 이리 부딪히고 저리 부딪혀서 산산조각이 나고, 더러는 배고픈 물고기 밥이 되고 말겠지요. 그러면 나고 자란 자이레 강 상류로는 영영 돌아 올 수 없겠지요.

물질이나 문명보다는 원초적 자연과 태고의 지혜에 더 익숙한 아프리카 사람들의 사생관은 독특합니다. 그들은 죽으면 혼령이 자녀나 친척, 친지와 함께 머물고 있다가 그를 기억하여 줄 사람들도 다 죽고 나면 그 혼령은 '자마니(태고)'로 다시 돌아간다고 믿고 있습니다.

아프리카, 그리고 그곳을 흐르는 자이레 강이라는 낯선 공간과, 무한한 시간 가운데 현재를 흘러가는 부초를 보며, 나는 스스로의 모습과 지금 서 있는 위치를 되돌아보았습니다. 만물의 영장이라는 인간도 본질적으로 한낱 뜬풀과 다를 바 없습니다. 그러나 인간이든 뜬풀이든 모든 존재 그 자체가 참으로 신비한 것입니다.

바위 틈바귀에

주여
북악산 바위처럼
굳어버린 저의 마음을
열게 하여 주시어
그 틈바귀에
소나무 한 그루라도
자라게 하여 주소서

Crack the Rocks

Lord

Open my hardened heart

Which is as hard as a rock

On the Bugak Mountain

And let a pine tree

Live

In its midst

바위틈에서 싹 터 자라 살고 있는 소나무, 송인

아카시아와 떡갈나무

나는
아름답고
향기 짙은
꽃을 피운다네
아카시아가 말한다

알지
알고말고
헌데 네 열매는 아무 짝에도
쓸모 없잖아
떡갈나무가 말한다

나는
통통하고 큰 열매를 맺지
그러면 다람쥐가 달려 와서
날라다 먹고 산다네
떡갈나무가 말한다

나는 작지만 많은 열매를 맺어

땅에 떨구면
뭇 새들이 훨훨 날아와
쪼아 먹고 산다네
아카시아가 말한다

떡갈나무
그것도 꽃이냐
나는 꽃 속에 꿀을 잔뜩 담는단다
벌들이 꿀을 날라 저장하고
사람들이 좋아라 먹을 수 있게

아카시아
너네 몸뚱이는 아무 짝에도 쓸모없잖아
단단한 내 몸뚱이는 좋은 목재로 쓰여
아름다운 가구로 변신한 뒤
안방 상좌에서 대접 받는데

Acacia and Oak Trees

I produce

Beautiful and

Fragrant flowers

Says the acacia tree

I certainly Know it

But your fruits are bad and

Not so useful

Says the oak tree

I bear and drop

The plump and large fruits

For squirrels

Who happily take and

Use them as their food

Says the oak tree

I produce plenty of the seeds

Although they are small

And drop them on the ground

For many birds

Who use them as their favorite food

Says the acacia

You oak tree

Are your flowers real ones?

They seem not

The flowers do not contain honey

However I produce a lot of honey in my flowers

For the bees to take and deposit it in their nest

So that human beings use the honey

And enjoy it

Yet your body is

Not so useful

Says the oak tree

However my body is hard enough

To be used as valuable lumber

For making beautiful furniture

Which are placed on the best spots of a home

모든 존재는 각자 다른 특성을 갖고 있고, 제각각 쓸모가 있습니다. 그리고 자연 속에서, 사회 안에서 제 구실을 다합니다. 좋다고 하는 것, 그리고 쓸모 있다고 하는 것은 대단히 상대적입니다만.

산과 들에 제멋대로 낳고 자라는 아카시아와 떡갈나무도 그러하거늘, 사람이야 오죽하겠습니까? 사람들은 다 제 나름대로 쓸모가 있고, 제각기 다 유용한 특성으로 공헌하는 존귀한 존재입니다.

안동 와룡마을 붉은 아카시아(앞)와 하얀 아카시아(뒤)

자연은 벙어리

자연은
침묵 속에서 살고
침묵 속에서 말을 듣고
침묵 속에서 말을 건넨다

침묵 없이는
자연은 벙어리다
침묵 없이는
자연은 귀머거리다

자연의 말을 들으려면
귀머거리가 되고
벙어리가 되어
침묵하는 길밖엔 없다

침묵 없이는
침묵의 자연을
알 길이 없다
침묵의 하느님을

알 길이 없다

벙어리인 자연의 말을 들으려면
벙어리 되는 수밖에 없다
귀머거리인 자연과 속삭이려면
귀머거리 되는 수밖에 없다

님은
침묵 속에서 살고
침묵 속에서 말을 듣고
침묵 속에서 말을 건넨다

침묵 없이는
님은 벙어리다
침묵 없이는
님은 귀머거리다

님의 말을 들으려면
귀머거리가 되고
벙어리가 되어
침묵하는 길밖엔 없다

침묵 없이는
침묵의 님을
알 길이 없다
침묵의 하느님을
알 길이 없다

벙어리인 님의 말을 들으려면
벙어리 되는 수밖에 없다
귀머거리인 님과 속삭이려면
귀머거리 되는 수밖에 없다

The Nature Is Mute

The nature

Lives in silence

Listens to others in silence

Whispers to others in silence

Without being in silence

The nature is a mute

Without being in silence

The nature is a deaf

If you want to listen to

The words of nature

You've got to be in silence

By becoming mute and/or deaf

Without being in silence

No one can know

The nature in silence

And God in silence

If you want to listen to

The words of the nature who is mute

You've got to be mute

If you want to whisper

With the nature who is deaf

You've got to be deaf

The Lord

Lives in silence

Listens to the whispers in silence

Sends messages to others in silence

Without being in silence

The Lord is mute

Without being in silence

The Lord is deaf

If you want to listen to

The words of the Lord

You've got to be in silence

By becoming mute and/or deaf

Without being in silence

No one can know

The Lord in silence

No one can know

The Lord in silence

The only the way to listen to

The words of the Lord who is mute

Is to become mute

The only the way to whisper

With the Lord who is deaf

Is to become deaf

진리의 강

하늘에서 내리는 비는
높은 데나 낮은 데나
가리지 않고 내리지만
땅의 물은 꼭
낮은 데를 찾아 흘러 내려간다

높은 땅은
바다와 가깝지 않고
낮은 땅이라야
바다와 가깝기 때문이다

높은 땅은 그래서
바다로 가는 대하大河를 만들 수 없고
낮은 땅이라야
바다로 가는 대하를 만들 수 있다

너의 마음속에 유유히 흐르는
진리의 강을 만들고 싶은가
대해大海로 가는 대하를 만들고 싶은가

그렇다면 마음의 땅을 낮춰라

그러면 너의 마음속에 반드시

대해로 진입하는 생명의 물이 흐르리라

•

The River of Truth

Rain falls from the sky

Randomly crashing on the earth

Onto the highest plateaus and the lowest valleys

The rainwater flows down

The earth to its lowest point

The highlands are

Far from the ocean and

The lowlands are

Close to the ocean

Therefore the highlands cannot

Form great rivers while

The lowlands can create

Big rivers that flow into the ocean

Are you willing to form

The rivers of Truth in your mind

That run eternally into the great ocean?

If that is your will, make low the land of your mind

And the water of life in your mind

Will flow into the ocean

질경이

밟히고 밟히고
또 밟혀도
끈질기게 살아남는
너
질경이라지?

밟히면
질겨지고 또
밟히면
더 질겨지고
그래서
네 이름이
질경이라지?

숲 속은 싫다고,
햇빛이 안 들어서?
길가가 좋다고,
사람들이 오가서?
그래서 그렇게 짓밟히며 산다고?

그래!
그래!
그래!
맞아!

•

Plantains

Your name is plantain, so I am told.

You constantly tread on and on.

And somehow endure survival.

Through treading,

You become hardy.

By treading again,

You become hardier.

Thus, you should be called 'endurer'

Instead of plantain.

You dislike the forest

Because there is not much light.

You would rather prefer to be on the roadsides,

As many people pass by.

For this reason you are trodden.

Yes,

Yes,

Yes,

True.

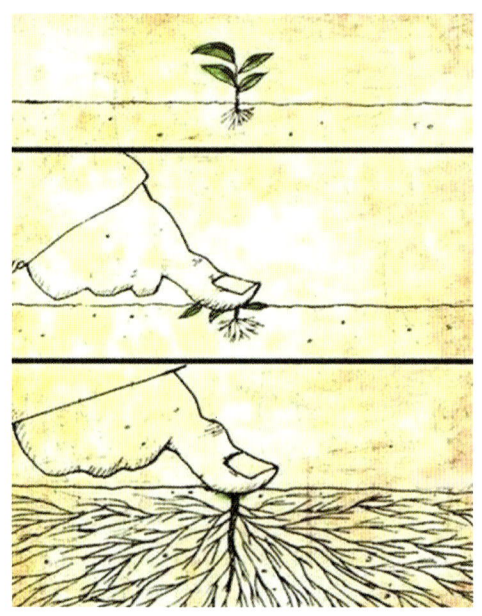

페이스북 친구 김호중 님의 그림
(진종옥 님을 통하여 실었음)

칸나

칸나를 보는 순간
나의 마음은
칸나 꽃에 달려가
한 송이 칸나 꽃을 휘어잡습니다
그러면
옆에 서 계시던 아버님
나의 어깨에 손을 얹으십니다
그 순간 찰카닥하고
사진기 셔터가 닫힙니다

Cannas

At the moment I see cannas
My mind dashes towards them and
Grabs one of the shoots with flowers.
Then,
My father stands by me
And puts his hand on my shoulder.
At that moment
The shutter of my camera
Clicks.

아프리카 한복판에 거대한 호수가 있습니다. 나일 강의 원천인 빅토리아 호입니다. 그 옆에 우간다의 수도 캄팔라가 있는데, 나는 거기로 여러 차례 출장을 갔습니다. 산들로 에워싸인 데다 해발 1500미터의 고원에 위치하고 있어서 늘 봄인 아름다운 도시입니다. 그곳은 아프리카의 22위의 성인을 탄생시킨 거룩한 땅이기도 합니다.

그곳에 갈 때마다 새빨갛게 피어 있는 칸나 꽃을 볼 수 있었습니다. 그때마다 내 마음은 초등학교 교정으로 달려가, 아버님과 사진을 찍었던 어린 시절의 추억을 떠올리고는 했습니다. 칸나 옆에서 찍은 사진이 아버님과 내가 한 장의 사진 속에 남은 유일한 기록입니다. 그 기억이 1991년 5월 11일 캄팔라에서 이 시를 낳게 한 원천입니다.

여섯 살 적 선친과 함께.
선친은 면암 최익현 선생의 문인으로,
정산향교의 전교를 지내셨다.

태초의 강

하늘에서 처음 물방울이
땅 위에 떨어져
빗물 되어 땅을 적시고
나머지 빗물이 땅을 따라 흘러가니
태초의 강이 됐다.
강의 모습은 빗물로 땅의 바탕이 지어냈다.
빗물이 흐르고 싶은 대로 흐른 것이 아니라
땅이 흐르란 대로 흘러서
그렇게 강이 됐다. 그러나
하늘에서 내리는 빗물 없이는
강은 강이 아니다.
자비의 빗물을 받아 흘러내리지 않으면
강은 강이 아니다.
큰 사랑의 바다로 빗물을 흘러내리지 않으면
강은 강이 아니다.

이끼를 살게 하고
물고기를 불러다
품에 품어 풍성하게 하니

생명이 존재한다.
그래서 강은 살아 있다.
이 세상은 강물처럼 자비를 안고 흐른다.
그래서 살아 있다.
사람도 강물처럼 그렇게 흘러서 살아 있다.
사랑을 향하여 세월 속에 흘러서 살아 있다.

Rivers in the Beginning

In the beginning, rivers were formed

By running, residual rainwater into the ocean

According to the land topography

Wetting the land sufficiently

After raindrops came down onto earth from heaven

The ground, not the rainwater, actually formed

The shapes of rivers.

However, rivers can't be rivers

Without the gracious rains from heaven.

The rivers can't be rivers

If the land did not run the gracious rainwater.

The rivers can't be rivers

If the rainwater were not led into the ocean of love.

Life had come to being

By bringing mosses and fish into rivers

And by the abundance of rivers with them.

Thus, rivers had become alive.

This world runs the same as the rivers flow, by embracing grace.

The world is therefore alive.

People are also alive as they flow like rivers flow,

Into time with their passage towards perpetual love

By carrying their lives into perpetual time.

They are accordingly alive.

파도야

파도야
갔다가는 오는 거냐
수천 번 수만 번
갔다가는 오는 거냐
하얀 물거품 백사장에 토하고
찰가닥 찰가닥 파도소리
허공을 울리면서
수천만 번 수억만 번
갔다가는 오는 거냐

•

You Waves

You waves,
Are you coming back after you have gone away
Thousands and thousands of times?
Are you coming back after you have gone away
Throwing out white foams on the beach sand

And roaring into the empty air

Millions and billions of times?

　유치환 선생이 '그리움'이란 시에서 파도에 애절한 물음을 던지듯, 나는 서인도제도 과달루페의 푸웽트 피트르 백사장에서 멀리 수평선을 긋는 바다를 바라보며, 내가 아직도 터득하지 못한 의문을 파도에 물어 보았습니다. 인간이 알지 못 하는 자연의 신비는 인간 세계의 스승에게보다, 자연 그 자체에게 묻는 것이 어울릴 거라고 여기면서.

해와 종려나무와 나

어느 날 이른 아침
거기에는
다만 둥근 해와
종려나무와
나만 있었습니다.
모든 게
다르지만
서로 깊은 관계가 있는
사이입니다
사연을 주고받을 수 없는
사이지만
서로의 비밀을
서로 잘 알고 있는
사이입니다.

The Sun, Palm Tree, and I

One day, early in the morning

There were

Only the round sun

A palm tree

And I

Totally different

As we are,

We have intimate relationships

Between each other

No way to communicate

And exchange our secrets

However, we are the ones

Who know so well the secrets of each other

아프리카 북위 9도에 위치한 국제열대농학연구소에서 살고 있을 때, 나는 아침 일찍 일어나 아직 아무 인기척 없는 연구소를 산책하는 것을 좋아했습니다. 똑바로 자란 종려나무가 여기저기 우뚝 우뚝 서 있는 고요한 길을 혼자서 무심히 거니는 거지요.

동녘에 둥근 해가 빨갛게 떠오르면 윤곽뿐이던 종려나무가 하나둘 제 모습을 드러냅니다. 마치 해와 종려나무가 서로 이야기를 나누며 한통속이 되는 그런 모습입니다. 그 둘 사이에 내가 있습니다. 당시 나의 초연적超然的 느낌이 이 시에 함축적으로 담겨 있습니다.

　나는 하느님과 예수 그리스도 앞에 감히 맞대고 서서 기도를 드립니다. 그럴 때 하느님과 예수 그리스도와 나 이외에는 아무도 없습니다. 생명의 관계, 사랑의 관계를 맺고 있는 사이지만, 사연을 주고받을 수는 없습니다. 그러나 서로가 비밀을 알고 있는 사이입니다.

화살 같은 적막

반딧불 반짝이는 밤
어딘가에는
화살 같은 적막이 모이고 있다

해가 뜨나 달이 뜨나
끽끽대던 박쥐도 몸을 사리고
화살 같은 적막이 고이고 있다

신나던 북쟁이 가슴 반 조각
커드란 눈동자만 뒹굴뒹굴
화살 같은 적막이 흐르고 있다

자아박 자아박
심술꾼의 발짝 밑바닥으로
화살 같은 적막이 쏠리고 있다.

눈과 귀의 명령만 기다리는
사자의 아가리처럼
화살 같은 적막이 노리고 있다

An Arrow Shot Like Solitude

On a night with the blinking glow of fireflies

Somewhere

An arrow shot like solitude is condensing

Regardless of the sunrise or moonrise

The bats making chocking sounds shrink from danger as

An arrow shot like solitude is condensing

An excited drummer feeling his heart reduced by half for fear

Only turns around the big pupils of his eyes as

An arrow shot like solitude is condensing

Under the feet of an ill-natured person

Quietly stepping forwards

An arrow shot like solitude is condensing

Like the mouth of a lion

Awaiting for an order of eyes and ears

An arrow shot like solitude is condensing

2부
낮에는 둘 밤에는 하나

가져 온 것도 없는데

가져 온 것도
없는데
무엇을
찾는가

공수래空手來
하색호何索乎⋯

•
Nothing You Brought With, Yet⋯

Nothing you brought with and
Nothing you can bring back with.
Yet, you are searching for
Something.
What a wasteful life!

헬스클럽에서 운동을 마치고 집사람이 쓴 기구를 닦아 주려고 종이에 물을 축여 가니, 허리를 구부리고 무엇인가를 찾고 있었습니다.
"가져 온 것도 없는데, 무엇을 찾는가?"

사람이 태어날 때 아무런 물건도, 아무런 지식도 가져 오지 않거늘, 살면서 어찌하여 그렇게 열광적으로 물건을 찾고, 지식을 찾는 일에 집착하는가. 다 부질 없는 일 아닌가. 아내가 문득 나를 깨우쳐 준 가르침이 바로 이 시의 모티브입니다.

그 일이 있기 바로 전, 나는 덕산德山 스님이 용담龍潭 스님으로부터 깨달음을 얻게 된 행적과, 성서 구절을 암송하다 적어 둔 '눈과 마음, 빛과 어둠'이라는 글을 서로 연관 지어 가면서 묵상을 했습니다.

밤에는 아내와 '보석비빔밥'이라는 드라마를 보는데, 거기에 금강경金剛經에 실린 가르침이 나왔습니다. "과거심불가득過去心不可得이요, 현재심불가득現在心不可得이요, 미래심불가득未來心不可得인데, 어느 마음에 점을 찍을 수[點心] 있느냐?"

나를 등단시켜 준 문예지「한국문인」은 2011년 4월호에 이 시를 게재하며 "평범한 일상에서 구도자의 시각을 통해 새로운 세계를 구현해 내고 있다"고 평해 주었습니다.

거북이가 자라 보고

거북이가 항시 자라 보고
'날 닮아라, 날 닮아라' 하지만
사실 거북이는
자라가 그렇게 되기를 꺼려한다.
거북이 설 자리가
위태로워지기 때문이다.
말은 늘 그리 하지만
그리 될까 속으로는
은근히 두려워하기 때문이다.

Turtle Says to Tortoise

The turtle always says to the tortoise

'You become alike myself, you become alike myself'

But actually the turtle is reluctant

To have the tortoise resemble himself.

Why? Because he is afraid,

If that happens, he will loose his ground.

Therefore, he is so reluctant in his heart

To have the tortoise alike himself

Even though he always says so.

겉에 매이지 말아야

겉에 매이지 않아야
속이 자유스럽다

겉에 잡히지 않아야
속이 열린다

겉에 쏠리지 않아야
속에 들어 갈 수 있다

겉에 쫓기지 않아야
속을 지킬 수 있다

●

Be Not Bound to the Outlook

Be not bound to the outlook
Then your innermost is free

Be not caught by the outlook

Then your innermost is open

Be not attracted to the outlook
Then you can enter into the innermost

Be not chased by the outlook
Then you can keep your innermost safe

2001년 성탄절. 워싱턴 대성당에서 주교님이 집전하는 대미사를 가톨릭 TV로 보는데, 신자들의 옷차림이 그렇게 자유스러울 수가 없었습니다. 성경 한 구절이 떠올랐습니다.

둑이 새면 안에서 막아야지, 밖에서 막아서는 허사다.
하느님께서는 사람을 겉모양으로 보지 않으시므로. (갈라 2,6)

1985년. 중국 농무부 초청으로 베이징에서 회의를 하고, 밤새도록 열차를 타고 양쯔 강 건너 상하이 거쳐 난징에 갔습니다. 거기서 또 회의를 하고, 항조우에 가서 회의를 마치자 서호로 안내했습니다. 그 호수 안에 있는 섬에 이런 글귀가 적힌 비석이 있었습니다.

'삼담인월(三潭印月·세 못이 달을 박고 있네).

달이 세 못에 박혀 있다고 하지 않고, 달빛을 수용한 세 못을 주체로 해석한 것이 나에게 명상의 화두를 제공해 주었습니다. 그 뒤 연구소 안에 있는 호수 주변을 자전거로 돌면서 나는 시상이 떠오르는 대로 노래를 불렀습니다.

"내 마음은 호수요. 마음속의 호수에서 하룻밤을 묵고 가오. 내 마음은 밭이오. 마음의 밭에 진리의 씨를 뿌리고 가오. 내 마음은 등불이오. 마음의 등불에 촛불 하나 켜고 가오…"

하늘의 달만 보지 말고 물 위와 물 속에 뜬 달도 보라.

그때까지 난 몰랐지

가뭄이 닥쳤을 때까지는
나, 그늘의 소중함을 몰랐지
나무와 구름의 소중함은 고사하고

열매를 맺었을 때까지는
나, 햇빛의 고마움을 몰랐지
따뜻함의 의미는 고사하고

보리가 이삭을 팼을 때까지는
나, 겨울이 왜 그리 추운지 몰랐지
따뜻한 봄의 뜻은 고사하고

지쳐 넘어졌을 때까지는
나, 이웃의 손길이 고마운지 몰랐지
부모의 은덕이 얼마나 큰지는 고사하고

Until That Time

Until drought set in
I did not know the importance of shadows
Not to mention the importance of trees and clouds

Until they came to fruition
I did not know the value of light
Not to mention the meaning of warmness

Until barley produced their panicles
I did not know the necessity of cold winter
Not to mention the significance of warm spring

Until I had fallen from exhaustion
I did not appreciate the helps of others
Not to mention the love of parents

다 버리고 나면

떫다고 버리고
시다고 버리고
짜다고 버리고
맵다고 버리고 나면
남는 것은 도토리뿐

비린내 난다고 버리고
노린내 난다고 버리고
고린내 난다고 버리고
흙내 탄내 난다고 버리고 나면
남는 것은 빈 접시뿐

싫다고 버리고
밉다고 버리고
귀찮다고 버리고
성가시다고 버리고 나면
남는 것은 강아지뿐

쓸모없다고 버리고

눈에 안 찬다고 버리고
맘에 안 든다고 버리고
기분에 안 맞는다고 버리고 나면
남는 것은 알몸뿐

희망을 버리고
사랑을 버리고
약속을 버리고
믿음을 버리고 나면
남는 것은 어둠뿐

If You Threw Those Away

If you reject because of a astringent taste,
Because of a sour taste,
Because of a salty taste, and
Because of a spicy taste,
Only acorns will remain.

If you threw away
For the reason of a fishy smell,
For the reason of a stinky smell,
For the reason of foul smell, and
For the reason of odd smell,
Only empty bowls will remain.

If you cast away as you dislike,
As you hate,
As you think troublesome, and
As you think bothersome,
Only a puppy will remain.

If you discard as you regard them useless,

As they offend your eyes.

As they do not fit to your taste, and

As they do not agree to your sentiment,

Only naked body will remain.

If you give up hopes,

Love,

Commitments, and

Faith,

Only darkness will remain.

깨진 그릇

깨진 그릇에서 나는 소리는
탁하듯
깨진 마음에서 나오는 소리는
둔탁하다
깨진 그릇은 사람들이 쓰기를
꺼려하듯
깨진 마음을 가진 이는 쓰기를
꺼려한다
깨진 그릇에 담은 물은
새어 나오듯
깨진 마음에 담은 얼도
새어 나온다

•

Broken Jar

As the sound
Emitted from the broken jar
Is hollow

So is the sound

Emitted from the broken heart

As people resist using

A broken jar

People also resist using

A man with a broken heart

Water put in the broken jar

Spews out from its holes

And so does the soul of man

In a broken mind

아프리카에서 23년 간 살면서
깨진 플라스틱 양동이를 기워 쓴 아내

나는 보았네

나는 보았네
나는 나를 보았네
옹달샘 속에서 나를 보았네

나는 보았네
나는 해를 보았네
옹달샘 속에서 해를 보았네

나는 보았네
나는 달을 보았네
옹달샘 속에서 달을 보았네

나는 보았네
나는 별을 보았네
옹달샘 속에서 별을 보았네

나는 보았네
나는 구름을 보았네
옹달샘 속에서 구름을 보았네

나는 보았네
나는 이끼를 보았네
옹달샘 속에서 이끼를 보았네

나는 보았네
나는 올챙이를 보았네
옹달샘 속에서 올챙이를 보았네

나는 보았네
나는 가랑잎을 보았네
옹달샘 속에서 가랑잎을 보았네

무더운 여름날 가파른 고갯길 가다
도토리 잎으로 옹달샘 물을 떠
나무 그늘 아래 앉아 마시며
나오는 땀을 나는 달랬네

I saw

I saw

I saw myself

I saw myself in a spring

I saw

I saw the sun

I saw the sun in a spring

I saw

I saw the moon

I saw the moon in a spring

I saw

I saw stars

I saw stars in a spring

I saw

I saw clouds

I saw clouds in a spring

I saw

I saw moss

I saw moss in a spring

I saw

I saw a tadpole

I saw a tadpole in a spring

I saw

I saw a weathered leaf

I saw a weathered leaf in a spring

I was going over a steep hill on a very warm day

I was thirsty and I made a cup with a leaf of an oak tree

Scooped water with it from a spring and

Sat and drank water under the shade of a tree

나와 이름

나와 내 이름과는
별거 중입니다
그러나
이혼은 아닙니다

나와 내 이름과는
어렸을 적 한집에서
함께 살았는데
나이 들면서
세상에 알려지자
내 이름은
나를 버리고
떠나갔습니다

서로 홀로 살면서
각기 딴 집에서 자며
혼자 밥 먹고
혼자 숨 쉬면서
딴 길을 따로 다닙니다

이제 나와 내 이름과는
너는 너
나는 나입니다

내가
이 세상을 떠나도
내 이름은
당분간 홀로 남아서
떠돌아다닐 것입니다

그러다
내 무덤 앞
돌비석에
잠들 것입니다

나와 내 이름은
그렇게
묘한 사이입니다

I and My Name

I and my name are

Separated

But they are

Not divorced

I and my name

Lived together in the same home

When they were young

As they got older and known

To the world

My name ran away

From me

They live by themselves

In their own homes

Eating alone

Sleeping alone

Breathing alone

Walking alone

 Now I and my name

Act indifferently as I am I

You are you

When I leave this world

My name will stay alone

By itself

For a while

Finally

It will remain

On the memorial stone

In front of my tomb

As such

I and my name are

Very delicate in their relationship

나와 진리와 생명

배추와 양파의 껍질을
하나하나 벗겨 들어가면
남는 것은
생명뿐

나의 껍질을
하나하나 벗겨 들어가면
남는 것은
내가 타고난 모습
나의 나뿐

나의 나의 껍질을
하나하나 벗겨 들어가면
남는 것은
생명뿐

나의 나의 생명
이것이 진리이니
나의 나와 진리와 생명은

한몸이므로

나의 나의 생명의 생명
그것은 사랑
나의 나와 진리와 생명은
사랑에서 비롯되므로

거대 연(Giant lilypad), Heemoon Lee 목사님이 페이스북에 실으신 사진

I and Truth and Life

When the peels of a cabbage and an onion
Are removed one by one
The ultimately remaining one
Is only life

When the peels of mine
Are removed one by one
The ultimately remaining one
Is my own true inborn self
This is 'I of mine'

The peels of 'I of mine'
Are removed one by one
The ultimately remaining one
Is only life

The life of 'I of mine'
Is truth
Because the 'I of mine', truth, and life

Are one

The life of life of 'I of mine'
That is love
Because 'I of mine', truth, and life
Are originated from love

진리는 살아 있습니다. 하느님은 살아 있습니다. 나도 살아 있습니다. 하느님과 진리와 나는 삶에서 하나입니다. 하느님과 진리와 나는 생명에서 하나입니다. 생명은 나의 있음의 근원입니다. 생명은 나의 모양의 근원입니다. 생명은 나의 마음의 근원입니다.

나의 모든 것은 생명에 달려 있습니다. 나의 모든 것은 생명인 하느님께 달려 있습니다. 이것이 진리입니다. 생명이 있어야 살아 있는 것입니다. 살아 있어야 싱싱합니다. 나의 나, 그것은 사랑입니다. 진리의 진리, 그것은 사랑입니다. 생명의 생명, 그것은 사랑입니다.

낙엽

낙엽은
하늘이 내려 보내는
글자요
신호요
편지라오

그 수많은
귀띔과
암시와
소식을
받고서도
듣고서도
보고서도
정작 나는 그 뚜껑을
여태껏
못 열어 보았다오

Fallen Leaves

Fallen leaves are

Messages

Signals

Letters

Sent down from heaven.

Although I have received

I have heard

I have seen

So many messages

So many allusions

So many words

I have not

Yet

Opened their covers

낮에는 둘 밤에는 하나

낮에는 둘
밤에는 하나

이 진리를 믿으시오

그러면 알리외다
그러면 그 뜻을 알리외다

먹구름 닥쳐오는 저물녘, 거동이 불편한
아내 손을 잡고 황혼길을 걷는 노시인

Two in the Daytime; One at Night

In the daytime, it is two
At night, it is one

Believe this truth

Then, you will discover
What it means

카메룬의 해변도시 빅토리아(림베)에서 저물어 가는 저녁 바다 수평선을 바라보고 있다가, 낮에 밖으로 향했던 마음이 어둠이 깔리면서 안으로 모아져서 내면이 하나로 수렴되어지는 느낌을 받았습니다. 그 수평선상 접촉점에서 하늘과 땅이 결합되는 밤이 왔습니다.

1976년이니 벌써 38년 전, 매우 짤막한 시를 써 놓고 그동안 까맣게 잊고 있었습니다. 그러다 최근『선도禪道, 깨달음에로의 길』이라는 책을 탐독하게 되었습니다. 지은이 에노미야 라쌀은 카롤로스 마리아 슈텔린의 체험을 대략 다음과 같이 기술해 놓았습니다.

> 인간의 영혼은 하늘과 바다가 있는 풍경과 비슷하다. 하늘과 바다가 맞닿은 곳에 수평선이 있듯, 초의식超意識과 하의식下意識의 접점에 심리적 의식이 있다. 초의식으로 들어가는 것은 소수만이 체험할 수 있는데, 가느다란 수평선상(심리적 의식선상)에서의 깨달음과 일치한다. 체험자는 장막으로 덮여져 있어 보이지 않았던 수평선이 열리는 듯한 인상을 받는다. 이때 우주의 전 질서全秩序가 파악된다. 이 비자연적 체험이다. 이것은 선의 깨달음과 같다.

비슷한 경험을 다시 한 것은 2006년, 스페인 성지 순례 길에서였습니다. 똘레도의 산또또메 Santo Tome 성당에 안장돼 있는 오르가스 백작의 무덤 위에는 거장 엘 그레코가 그린 「오르가스 백작의 장례」라는 그림이 있습니다. 상단부는 천상계를 나타내고, 하단부는 지상계를 상징하는데, 그림의 중앙에는 천사가 팔을 들어 갓 태어난 아이를 감싸고 있는 작품이지요.

이 그림은 엘 그레코의 초의식 세계와 더불어, 하늘과 땅 그리고 전 우주의 질서를 느끼게 해 줍니다. 그는 깊고 넓은 깨우침과 영적 체험을 표출함으로써 스스로 진지한 신앙인이었다는 점을 보여 줍니다. 그는 분명 천지인天地人 삼재三才를 터득한 사람이었을 것입니다. 그랬으니 그는 사람 노릇을 한 사람이었지요. 진정 사람 노릇을 한 사람이었지요.

산또 또메 성당에 안장되어 있는 오르가스(Orgaz) 백작의 무덤 위에 화성(畵聖) 엘 그레코(El Greco)가 그려 놓은 「오르가스 백작의 장례(El Entierro del Conde de Orgaz)」. 이 그림을 보려고 세계 각국에서 매년 헤아릴 수 없는 사람들이 모여든다.

내 눈은 작아도

내 눈은 작아도
온 세상을 볼 수 있고
내 눈은 두 개라도
머리 위로 쏟아지는
무수히 빛나는 별들을 볼 수 있네

허나 내 눈은
내 코를 볼 수 없고
내 귀를 볼 수 없고
내 입을 볼 수 없네
너무도 가까운 이웃이므로

Although My Eyes Are Small

Although my eyes are small

I can see the whole world

Although I have only two eyes

I can see many stars

Shining down upon me

However

I cannot see my nose

I cannot see my ears

I cannot see my mouth

Simply because they are very close neighbours

종려나무 밑에 떨어진 새끼를 주워다 길렀더니
어느덧 새와 나는 서로 다정한 벗이 되었다.

눈과 귀를 부려서

사람은
눈을 이용해서
입으로 거짓말하게 하고
귀를 써서
입으로 속이게 한다

사람은
눈을 시켜
입으로 욕하게 하고
귀를 부려서
입으로 망언을 하게 한다

그러니
입에서 나오는 게
밑에서 나오는 것보다
더럽다
할 수밖에

By Use of Eyes and Ears

Employing eyes

People let the mouth tell lies and

By using ears

Let the lies deceive

Allowing eyes

People let the mouth slander

Permitting ears

Letting slander accuse others

Thus it is said

What comes out of the mouth

Defiles us

어떤 사람들은 종교를 이용하여 거짓을 저지릅니다. 어떤 기독교인들은 성경을 빙자하여 거짓을 자행하고, 남을 속이기도 합니다. 코란을 이용하여 거짓을 꾸며대고, 사람들을 살상하는 모슬렘도 더러 있습니다. 모두 눈과 귀를 부려서 입을 악용합니다. 그러니 입에서 나오는 것은 더럽습니다. 입은 눈보다, 귀보다 더럽습니다.

예로부터 현자들이 눈을 가리고 귀를 막아 입을 잘 다스리라고 한 연유가 여기에 있습니다. 공자님이 말씀하신 사물四勿도 그런 뜻을 담고 있습니다. 예禮가 아니면 보지도 말고, 예가 아니면 듣지도 말고, 예가 아니면 말하지도 말고, 예가 아니면 행동하지도 말라.

"귀는 입을 곤란하게 만든다(The ears trouble the mouth.)." 가나의 투이족 속담입니다. 귀는 입을 바쁘게 하고, 입은 귀가 들은 대로 말합니다. 잘못은 입이 저지르지만, 그 원인을 캐고 보면 귀가 있어 듣기 때문입니다. 차라리 귀로 듣지나 말았더라면 입을 통하여 발설치 않았을 텐데. 그러면 문제에 말려들 일도 없을 텐데.

다닌 데는 많은데

다닌 데는
많은데
갈 곳은
오직 하나

동쪽으로 서쪽으로
천리만리 마다않고
봉황 찾아 다녔지만
내가 본 것은
오직 박쥐뿐

찾아 나선 것은
많은데
찾은 건 오직 하나
오직 하나뿐

Travelled So Many Places

I have traveled

So many places

But only one place

Left to go

Towards east and west

Thousands and tens of thousands of miles

With no hesitation

I tried hard to see a phoenix

Never been successful

But to see only bats.

I tried and tried

To find

So many things

I failed but only one thing

But only one thing

봉황은 세속의 영예입니다. 박쥐는 거꾸로 매달려 사는 동물이고요. 날개는 있으나, 새는 아니지요. 그러니까 나는 새를 잡으려다, 새와 비슷한 동물을 보았을 뿐입니다. 헛수고한 셈이지요. 영예를 찾는 세속의 삶은 이렇게 늘 헛수고로 끝납니다. 그러나 하나는 찾았습니다. 오직 저 위 하느님, 저 먼 하늘나라.

나의 생가 (정택영 화백님이 친절히 그려 주신 그림)

수직의 힘

두 거울이 수직으로 맞닿아 있다.
그 앞에 내가 서면
거울과 거울이 맞닿은 모서리에
나를 비춘다.
왼쪽으로 가도
오른쪽으로 가도
언제나 나를 모서리에
비추어 준다.
수직 거울 앞에 나는
몸을 숨길 데가 없다.

The Power of Perpendicularity

Two mirrors face each other at a right angle.

As I stand in front of them

They show my profile

At the joint of the two mirrors.

No matter if I move to the left

Or to the right

They always show my profile

At the joint of one another.

No place to hide myself can I find

In front of the mirrors.

우리 앞집 졸망이 개

우리 집 앞
흰 벽돌집엔
졸망이 개가 일곱 마리

제 집 식구만 알아볼 뿐
이웃집 사람들 몰라보고
짖어대는 무뢰배들

제 집 뜰에서만 짖어대고
남의 집 뜰에서는 아예
입도 뻥긋 못 하는 겁쟁이들

제 집 뜰에서나
남의 집 뜰에서나 가리지 않고
짓싸대는 개구쟁이들

먹을 것만 찾아다니고
푸른 하늘의 아름다움
몰라보는 숙맥들

기뻐도 짖어대고

두려워도 짖어대는

분별 모르는 멍청이들

•

The Miniature Dogs Across the Street

The white, brick house

Across our street

Accommodates seven miniature dogs

The dogs know only their owners

And do not recognize their neighbours,

Always barking at them

The dogs only bark in the comfort of their yard

and never bark anywhere else

They are such cowards!

The dogs are scoundrels

Who defecate in any location

With no regard for the time or place

They look only for things to eat

And never care to notice the beautiful blue sky above

They are really fools!

They bark not only when they are scared

But also when they are happy

They are senseless!

이민 유감

두 얼굴의 주인, 그것이 나다
미국 사람도 아니요, 한국 사람도 아닌 갈등의 주인,
그것이 나다
두 주인을 교묘히 섬기고 있는 주인,
때로는 할 수 없는 일을 하고 있는 현실의 재주꾼,
나는 이런 얼굴이 싫다
이런 얼굴의 주인인 내가 싫다

한국에서 미국에 이민 와 살면서
나는 미국에서 사니까 미국식대로,
나는 한국에서 나서 자랐으니까 한국식대로

미국식이 나에게 유리하면 미국식
한국식이 나에게 유리하면 한국식
미국식이 나에게 불리하면 한국식
한국식이 나에게 불리하면 미국식

미국식이 좋은 것이면 따라야지
한국식이 좋은 것이면 따라야지

미국식이 나쁜 것이면 쫓지 말아야지

한국식이 나쁜 것이면 쫓지 말아야지

잘못 하다가는 지킬 것 못 지키고

찾을 것 못 찾고

얼핏 하다 그만

헛된 삶을 살게 되지나 않을까

A Regrettable Life as an Immigrant

An owner of two faces, that is me

A conflicted owner who is neither American nor Korean,

That is me

An owner who cleverly serves two masters simultaneously

That is me

A skilful individual who actually does something

That should never be done,

That is me

I dislike myself, the owner

Of two faces

Since I am living in America as an immigrant
I do things in American ways since I am living in America
I also do things in Korean ways since I was born
and brought up in Korea

There are advantages of doing things in American ways
There are benefits of doing things in Korean ways
When American ways are not advantageous I do things in Korean ways
When Korean ways are not beneficial I do things in American ways

I should follow American ways when if are right
I should follow Korean ways when if are right
I should not follow American ways if they are not right
I should not follow Korean ways if they are not right

I am afraid I might spend my whole life in vain
If I do not keep those ways that I ought to
And if I do not find those ways that I ought to

입

가장 가까이 있는

눈이 지켜보는 데도

입은 두말을 하니

더 멀리 있는

귀가 듣고 있을 때야

어찌 하겠는가

●

The mouth

When the eyes even closer

Are watching

The mouth speaks different words

What

If the ears further away

Are listening?

집 주인 없는 목련

주인 없는
빈 집 앞
목련 한 그루
올해도 봄이 오니
화사하게 꽃 피웠네
주인이 보건 말건
외롭지만 곱디곱게 자라
거기 홀로 예쁘게 꽃 피웠네
옛 주인의 심은 뜻
지키려는 것 이상으로
하느님 뜻 충실히 받들려
그렇게 꽃 피운 거겠지
심어 놓고 가 버린 주인
원망 않고 거기 서서
눈 오나 비 오나
하늘만 바라보고
제 이름 지키며
아무런 증오 없이
꽃 피우고 또 피웠네

A Magnolia with No Host

In front of the vacant home

A magnolia tree on the hill

Has grown lovelier and lovelier.

Although lonely, it has

Bloomed beautifully again as spring set in this year.

Regardless of the negligence of a host,

The tree has bloomed by itself.

There is no reward for the host

Albeit, his original reason of planting.

It serves faithfully as God's will.

Without blaming the host who had planted it

And had gone away for a long time,

The tree has kept its place and

Name faithfully with patience,

Bloomed so beautifully right there,

Always standing alone in the midst of

Snow and rain on the hill

While looking high up to the sky

Without animosity whatsoever.

공산무인수류화개(空山無人水流花開)
사람 없는 빈산에 물 흐르고 꽃이 피네

송나라 시인 황산곡의 시구입니다. 추사秋史 김정희 선생은 충남 예산의 고택에 이런 주련을 써 붙였습니다. "정좌처다반향초(靜坐處茶半香初) 묘용시수류화개(妙用時水流花開) 고요히 앉은 곳에서 차를 반쯤 마셔도 향은 처음 그대로요, 묘한 작용이 일 때는 물 흐르고 꽃이 피네." 법정 스님의 토굴 당호도 '수류화개실'이었다지요.

나일 강의 발원지를 찾고, 니제 강을 건너고, 킬리만자로로 가는 길 평원에 홀로 핀 꽃을 보고, 수단 남부 광활한 사막을 수놓은 장미를 보며 아프리카를 여행할 때마다, 나는 수류화개의 경지를 실감했습니다. 미국 클리블랜드 근교에 있는 농장 주변의 주인 없는 빈 집 앞뜰에 핀 목련을 볼 때도 비슷한 감상에 젖게 됩니다.

공허空虛한 마음 안에 들면 자연의 섭리가 흐르고, 아름다운 뜻이 드러나 보입니다. 선심초심禪心初心에 머물면 모든 게 스스로 이루어집니다. 선심이란 인간의 근본 마음입니다. 선의 첫 마음을 찾아 그를 지닌다면 아무런 거리낌이나 허식 없이 순수한 참모습을 경험하고 즐길 수 있습니다. 그러면 모든 게 평화스럽습니다. 그저 자유스럽습니다.

지은이가 현재 살고 있는 미국 클리블랜드 지역의 목련.
버려진 집 앞에 서 있어서 가꾸지도 않는데, 해마다 봄이면 활짝 펴서 스스로를 비추고 있다.

척하며 사는 인생

모르면서
모르는 사람 가운데 있다고
여기지 않으며

없으면서
없는 사람 가운데 있지 않다고
우겨대며

어리석으면서
어리석은 사람 가운데 있지 않다고
우겨대며

두려우면서
두려워하는 사람 가운데 있지 않다고
우겨대며

인색하면서
인색한 사람 가운데 있지 않다고
우겨대며

늙어 가면서
늙어 가는 이들 가운데 있지 않다고
우겨대며

죄인이면서
죄인 가운데 있지 않다고
우겨대며

하느님 밖에 있으면서
하느님 안에 있는 사람 가운데 있다고
우겨대며

사실인데
사실이 아닌 척
살아가는 내 자신

우리는 이렇게 척하며 산다
없으면서 있는 척
모르면서 아는 척
싫으면서 좋은 척
마음에 없으면서 있는 척
웃지도 않으면서 웃는 척

존경하는 척하면서 깔보고

미워하면서 사랑하는 척하고

알면서 모르는 척

슬프면서 기쁜 척

•

The Lives of Pretenders

Although we do not know

We do not think that

We are among those who do not know

Although we do not have

We assert ourselves that

We are among those who have

Although we are not wise

We uphold that

We are not among the unwise

Although we have fear

We pretend that

We are brave

Although we are stingy
We pretend that
We are not among the stingy

Although we are getting old
We insist that
We are not getting older

Although we are sinners
We pretend that
We are not among the sinners

Although we are far from God
We pretend that
We are close to God

Although it is true
I myself often insist that
It is untrue

We lead our lives pretending

As if we have although we do not have

As if we know although we do not know

As if we like although we dislike

As if we care although we do not care

As if we laugh although we cry

As if we respect although we disrespect

As if we love although we hate

As if we do not know although we know

As if we are happy although we are sad

친구 집 등불

늘 이른 아침마다
밝게 켜 있던
그 친구 집의 등불은
이제 꺼져 있습니다.

주인을 잃은
그 집은
이제
아무 발길이 없습니다.

헬로 하고
인사하던
그 앵무새는
이제
아무 말도 없습니다.

그 집
문패도
이젠

없어졌습니다.

주인이 없는
그 집엔
이제
적막이 있을 뿐입니다.

등불이 꺼져 있는
그 집엔
이제
어두움이 있을 뿐입니다.

Lamps of a Friend's House

Each early morning
Lamps were always lit brightly
At the house of a friend.
Now they are no longer seen.

Now
No one
Visits the house
Since the owner left.

The parrot
That used to say 'hello'
Is also gone.
Its welcoming greeting
Can no longer be heard.

The nameplate
Of the house
Has been removed.

There is only silence

In the house

Now

With no owner.

In the house

Without the lit lamps

There is

Now

Only darkness.

우리는 이 세상에서 무엇인가를 성취하고자 이리 뛰고 저리 뛰며 땀 흘려 노력합니다. 그리고 자신의 성취에 만족합니다. 그러나 스스로를 돌아다보면, 만족감의 한편은 텅 비어있음을 새삼 발견합니다. 그러한 허탈감은 자신에 대한 좌절과 가정에 대한 실망, 사회에 대한 분노로 발전하기 십상입니다.

마침내 우리는 자신을 우리 자신에게서 떠나보내고, 가정에서 떠나보내고, 사회에서 떠나보내어 외로움에 빠지고 맙니다. 우리는 더 이상 우리 집에 머물지 않게 되는 것이지요. 주소는 있지만, 우리가 살고 있지 않은 집. 우리는 이것을 극복하기 위하여 또 다시 이리 부

딪치고 저리 부딪치게 됩니다.

 그러다 보면 무리를 하게 되고, 우리의 집으로부터 더욱 멀리 떠나가 버리게 되어 결국엔 우리의 진정한 현주소를 찾을 길이 없어집니다. 우리는 가득하되 텅 비어 있고, 매우 분주하지만 아무 것에도 연결되어 있지 않고, 모든 곳을 쏘다니지만 자기의 집, 자기의 자리로부터 멀리 떨어져 방황하고 있는지도 모릅니다.

파암 波岩

바다
파도를 태워
쏴아그 쏴아그
사랑의 신호를 끝없이

바위
굳게 버티나
찰가닥 찰가닥
빼지 않고 화답은

끈질긴 바다
사랑의 신호에
딱딱한 바위
살금살금

Waves and Hard Rocks

The ocean

Creates waves and

Sends its love signals infinitely

Swoosh Swoosh

The hard rocks

Resist firmly

Crush crush

Answering without fail

In response to the love signals

Of the strenuous ocean

The hard rocks erode

Bit by bit

'파암'은 나의 호입니다. 평소 좋아하는 아프리카 종려나무 팜트리 palm tree에서 따온 것인데, 한자로 파암波岩이라 쓰고 있습니다. 거기에는 또 해변에 있는 호텔에 투숙하고 있을 때 나를 감동시킨 파도와 바위의 영원한 관계가 내포돼 있습니다.

　아프리카 팜 나무는 곧고, 생장점이 하나밖에 없습니다. 유일한 생장점이 손상 되면, 그 나무는 그것으로 끝을 맺게 됩니다. 팜 나무는 그러나 가난한 아프리카 사람들에게 기름과 술을 주어 건강과 즐거움을 동시에 베푸는 고마운 나무입니다.

　하늘을 찌르는 팜 나무는 호연지기浩然之氣를 상징하고 있습니다. 하늘의 덕을 본받아 그대로 실천하고 있는 것 같기도 하고요. 나는 팜 나무로부터 하늘의 덕을 본받음으로써 인간 최고의 이상을 실현하고 싶다는 간절한 염원을 갖고 있습니다.

한식구

당신 집이
내 집이라고
생각하고 행동하지 않으면
나는 결코 한식구가 될 수 없소

당신 일이
내 일이라고
생각하고 행동하지 않으면
나는 결코 한식구가 될 수 없소

당신 것이
내 것이라고
생각하고 행동하지 않으면
나는 결코 한식구가 될 수 없소

당신 가족이
내 가족이라고
생각하고 행동하지 않으면
나는 결코 한식구가 될 수 없소

당신의 사랑이

내 사랑이라고

생각하고 행동하지 않으면

나는 결코 당신 식구가 될 수 없소

Same Family

If I do not think and act like

Your home is

My home

I cannot be a member of the same family

If I do not think and act like

Your work is

My work

I cannot be a member of the same family

If I do not think and act like

Yours is

Mine

I cannot be a member of the same family

If I do not think and act like

Your family is

My family

I cannot be a member of the same family

If I do not think and act like

Your love is

My love

I cannot be a member of the same family

행복의 보금자리

평화는
믿음에 바탕한 사랑으로
닦아진
정의의 터전 위에 집을 짓는다

자유는
이 집에 깃들고
행복은
여기에서 살며
알을 까고 새끼를 친다

여기가
행복의 보금자리다

A Nest of Happiness

Peace builds its home

On the ground of justice

Founded with love on

A base of faith

Freedom dwells

In this home and

Happiness thrives there

Laying eggs and raising chicks

This place is

A nest of happiness

환희로 가는 표

친구여, 환희로 가는 표가 있소
같이 갑시다
몇 번이나 일러두고
날짜가 닥쳐서야 표를 찾고
또 찾았다
온 집안을 뒤져도 나타나지 않아
홧김에 집사람만 나무라고
찜찜하게 포기할 때까지

만나기로 한 성당에 가면서도
내 말빚을 어찌할꼬
약속은 어찌 변명하고,
실망은 어찌 위로하지
집사람 걱정은 어찌 달래고
속으로 뇌까리며 차를 몰았다

여보시오, 내 긴히 할 말 있소
표를 못 찾았소, 찾고 찾았지만
아마 내가 버린 모양이오

아니 찾아야죠, 아직 시간 있으니
내 그럼 집으로 가 찾아보리다
미사 참배는 하고 가시구려
아니, 이것이 나의 기도요
억지를 부리고 차를 뒤몰았다

쓰레기뭉치를 다 꺼내어
샅샅이 뒤졌다
맨 마지막 더미 속에서 그 표가,
환희로 가는 넉 장의 표가 고스란히 나왔다
내 부주의로, 경솔함으로, 성급함으로
그만 그 표를 쓰레기통에 버리다니

급히 성당으로 되짚어 가자
미사는 사랑과 용서의 고비를 넘고 있었다
여보, 찾았소!
친구여, 표가 여기 있다오!
잘하셨어요!
고생하셨네요!

환희의 장,
그러나

지루한 게임이 이어져 지겨웠다

맨 마지막 석 점 홈런이

사만 관중을 들어 올려

야구장을 순식간에

환희의 도가니로 만들 때까지

클리블랜드 인디언 경기장

The Tickets to a Jubilation

Friends! I have tickets for jubilation

Let us go together, I repeatedly enlightened them

I looked for the tickets on that day, but could not find them

I searched and searched for the tickets without success

Embarrassed, I blamed my wife

And finally gave up looking, with immense reluctance

While I was going to church,

Where I was supposed to meet with friends,

I was concerned about the promises,

The disappointment it could bring to them,

How I could make an excuse to them,

And also the worries of my wife

Listen friends! I have to tell you urgently,

'Matter of fact, I could not find the tickets,

They might have been dumped in the wastebasket'

'No! You should go back home since we still have time'

'I will go back home to search for the tickets once more'

'You should, however, attend mass!'

'No!' I went back home praying to find them as a replacement for attending mass

The garbage bags had all been taken out
And each bag was thoroughly searched through one by one
Inside the last remaining one were a bundle of four tickets
They must have been dumped in the garbage bag
Due to my carelessness

I then returned to church with the tickets
The focus of the mass was on love and forgiveness
'Honey, Here are the tickets I found in the wastebasket!'
'Friends, I found them!'
'Great! Well done!'

In the field of jubilation
The game was initially awfully boring
Yet the last inning resulted in
A three-run homerun brought,
To the forty thousand spectators
Fantastic excitement

3부
서로의
거름이 되어

0 = 1

0은 1이다.
0은 0 속에 있지 않고
1은 1 속에 있지 않다.
0은 1에서, 0은 1로
1은 0에서, 1은 0으로.
0은 하느님 속에 있고
1도 하느님 속에 있다.
하느님 속에서 0과 1은 같기 때문이다.

지금의 0은 0이고
지금의 1은 1이다.
영원 속의 0은 0이 아니라 바로 영원이고
영원 속의 1은 1이 아니라 바로 영원이다.

생명 속의 0은 살아 있고
생명 속의 1도 살아 있다.
생명 속의 0과 1은
하나로 살아 있다.

0 = 1

0 is 1

0 is not in 0 and

1 is not in 1

0 is from 1, 0 is to 1

1 is from 0, 1 is to 0

0 is within God and

1 is also within God

Because 0 is equal to 1 within God

0 of now is 0 and

1 of now is 1

0 is not 0 in the infinity but it is just infinity

1 is not 1 in the infinity but it is just infinity

0 in life is alive

1 in life is also alive

Both 0 and 1 in life are alive as 1

0 = 1
−무아(나 없음, 비움)는 곧 전체(온통, 근본 몸, 근본 있음)

0은 1이다.
−비움은 온통이다.

0은 0 속에 있지 않고,
−비움이라 하지만 나 없음도 아니고
1은 1 속에 있지 않다.
−전체라 하지만 온통도 아니다.

0은 1에서, 0은 1로,
−비움은 온통에서, 비움은 온통으로
1은 0에서, 1은 0으로.
−전체는 비움에서, 전체는 나 없음으로

0은 하느님 속에 있고,
−나 없음은 근본으로 돌아가고
1도 하느님 속에 있다.
−온통인 몸도 근본에서 비롯됐다.
하느님 속에서 0과 1은 같기 때문이다.
−나 없음과 온통은 비롯함이 같기에.

지금의 0은 0이고,

−바로 지금 나 없음이 곧 비었고

지금의 1은 1이다.

−바로 지금 온통이 전체인 세계라.

영원 속의 0은 0이 아니라 바로 영원이고,

−영원한 현실! 나 없음의 근본이 바로 영원한 것이고

영원 속의 1은 1이 아니라 바로 영원이다.

−영원한 현실! 온통인 근본 몸이 영원한 것이다.

생명 속의 0은 살아있고,

−온 생명의 비움은 본래 가진 바이며,

생명 속의 1도 살아 있다.

−온 생명의 근본 몸은 항상 존재한다.

생명 속의 0과 1은 하나로 살아 있다.

−비움과 근본 몸은 둘이 아닌 하나로 돌아간다.

(한학과 종교에 조예가 깊은 진종옥 선생님의 풀이)

길

나는
길이요,
진리요,
생명이니
나를 거치지 않고서는
아무도 하느님 아버지께
나아갈 수 없다. (요한 14,6)

길은 생명으로 나아가는 길이요
진리는 생명으로 나아가는 진리요
생명은 생명으로 나아가는 생명이다.

길은 하느님 아버지께 나아가는 길이요
진리는 하느님 아버지께 나아가는 진리요
생명은 하느님 아버지께 나아가는 생명이다.

예수 그리스도는 생명으로 나아가는 길이요
예수 그리스도는 생명으로 나아가는 진리요
예수 그리스도는 생명으로 나아가는 생명이다.

예수 그리스도는 하느님 아버지께 나아가는 길이요

예수 그리스도는 하느님 아버지께 나아가는 진리요

예수 그리스도는 하느님 아버지께 나아가는 생명이다.

진리의 길 앞에 고개를 숙이고 있는 두 사람.

파리에서 활동하고 있는 정택영 화백님의 드로잉이다.
길은 진리요, 생명으로 나아가는 통로다.

The Way is Towards Life

I am

The way

The truth

The life

No one comes to the Father

Except through me. (John 14,6)

The way is the way towards life

The truth is the truth towards life

The life is the life towards life

The way is the way towards the God Father

The truth is the truth towards the God Father

The life is the life towards the God Father

Jesus Christ is the way towards the life

Jesus Christ is the truth towards the life

Jesus Christ is the life towards the life

Jesus Christ is the way towards the God Father

Jesus Christ is the truth towards the God Father

Jesus Christ is the life towards the God Father

껍질을 벗기고 또 벗겨

성서의 껍질을
하나하나 벗겨 들어가면
남는 것은
사랑 뿐

사랑의 껍질을
하나하나 벗겨 들어가면
남는 것은
생명 뿐

주님은
내 안에
말씀으로 오셔서
빛과 더불어
생명으로 계시기 때문

껍질을 벗기고
벗기고
또 벗겨서

오직 생명만으로
주님 앞에 서도록

그러면 그 생명은
나의 생명이 아니라
바로 주님의 생명

이제는 내가
사는 것이 아니라
내 안에서
주님이 사시는 것

나에게서 드러나는 모습은
나의 모습이 아니라
바로 주님의 모습
나에게서 품어 나오는 마음은
나의 마음이 아니라
바로 주님의 마음

When Layers are Revealed

When layers of the Bible are

Continuously revealed

The essence is

Love

When the layers of love are

Continuously revealed

The essence is

Life

The reason being that

The Lord is the Word

Made flesh and lives

Within me,

Together with light

Permit me to stand

Before the Lord alone

Only after continuous

Revelation I discover

My life is

Not my own

But the Lord's

Now I am

Not living for myself

But the Lord is

Living within me

The virtues that appear from me

Are not mine,

But the Lord's

The enlightenment that comes from me

Is not mine

But the Lord's

성서에 쓰여 있는 예수님의 이야기를 해체하여 들어갈 수 있는 상상의 세계는 하느님에 대한 사랑 외에는 다른 이유가 없다. (이냐시오)

조금씩 마음속의 껍질을 벗어내고 주님 앞에 벌거벗어야 한다. 그때만 하

느님의 불을 가슴에 담고 있을 수 있다. (캐서린 드 휴엑 도허티)

　무한한 고통을 넘어 생명만이 남아 있을 때 그 생명은 내 생명이 아니라 하느님의 생명이다. 하느님이 나에게 고통을 주시어 나를 죽이고 당신이 내 속에서 살고 계시기 때문이다. 사는 것만 남아 있을 때 살고 있는 나는 벌써 없고 하느님만이 죽은 내 안에 사신다. 이제는 내가 사는 것이 아니라 그리스도가 내 안에서 사시는 것이다. (갈라 2,20)

양파의 껍질을 벗기고 또 벗기면 이런 생장부위가 있다.
이 생장부위 속에 생명의 중심이 있다.

나는 사공

나는 사공입니다.
배는 믿음(信)입니다.
키는 바람(望)입니다.
노는 사랑(愛)입니다.
돛은 기도입니다.
등대는 주님입니다.
피안은 하늘나라입니다.

사공인 나는
믿음의 배에 올라
기도의 돛을 달고
사랑의 노를 저어
주님의 등대가 가리키는 대로
바람의 키를 가누어 가며
피안의 나라를 향해 갑니다.

I am a Ferryman

I am a ferryman.

My ship is faith.

My rudder is hope.

My oars are love.

My sails are prayers.

My light tower is the Lord.

My destination is heaven.

I the ferryman

On the ship of faith

With the sail of prayers

Row the oars of love

Controlling the rudder of hope

Destined for shores of heaven

As the light from the tower guides us safely.

일단 바다로 나아가 기도로 하느님의 순풍(성령)을 얻으면, 돛이 배를 이끌어 피안으로 갑니다. 노를 저을 필요가 없게 됩니다. 키를 가눌 필요도 없어집니다. 기도로 받은 은총이 순풍이 되어 나를 피안으로 이끌어 주기 때문입니다.

사공인 나는 믿음에 바탕을 둔 기도만 하면 됩니다. 간절한 기도가 있으면 굳은 믿음과 등대만으로 피안에 갈 수 있습니다. 내 자신의 사랑의 힘만으로는 그 큰일을 해낼 수 없습니다.

단신으로 수영해서 바다를 건너 피안으로 가는 것은 불가능합니다. 배를 타고 노를 저어 바다로 나아가야 합니다. 대해로 나가면 성령의 힘을 빌고, 하느님의 은총을 비십시오. 이것이 피안으로 갈 수 있는 길입니다.

플로리다 포트마이어 해변에서 노을 진 바다 저편으로 떠나가는 배를 보고

사랑

나는 과거에 있는 것도 아니고
미래에 있는 것도 아니다.
나는 바로
현재에 있다.

나의 마음은 내 안에 있다.
그러므로 내 마음은 현재에 있다.
사랑은 내 마음에 있다.
사랑은 그러므로 나의 현재에 있다.

너의 마음은 네 안에 있다.
그러므로 네 마음은 현재에 있다.
사랑은 네 마음에 있다.
사랑은 그러므로 너의 현재에 있다.

하늘나라는 현재의 내 사랑 속에,
또 너의 사랑 속에 있다.
현재의 우리 사랑 속에 있다.
사랑에 머물러

사랑 가운데 사랑을 누리며
영원히 사는 그곳.

•

Love

I am here now
At the present,
Neither in the past,
Nor in the future.

My mind is within myself,
So my mind is at the present.
Love is within my mind,
So love is at my present time.

Your mind is within yourself,
So your mind is at the present.
Love is within your mind,
So love is at your present time.

Heaven is

At my present love and

At your present love.

Therefore is it at our present love.

It is the world

Where we live forever,

Staying at love and

Enjoying love in the midst of love

까만 나라, 노란 추장. 1983년 나이지리아 이키레읍 추장(농민의 왕) 대관식에서

내 마음은 나침반

내 마음은 나침반이요
내 본성은 나침입니다
나침반이 흔들리면
나침이 흔들리고
나침반이 고정되면
나침도 다시 고정되어
제 자리를 지키며
정연히 북극을 가리킵니다

내 마음이 어지러워지는 것을
세상이 어지러워지는 것보다
더 두려워해야 합니다
내 본성이 어지러워지는 것을
내 마음이 어지러워지는 것보다
더 두려워해야 합니다

My Heart is a Magnetic Compass

My heart is a magnetic compass

My true being is the needle

Of the magnetic compass

When the magnetic compass shakes

So does the needle

When the magnetic compass is still

So is the needle

Pointing true north toward the North Pole

I should fear my own heart

As I become more dizzy than the world around me

I should be afraid of my true being

As I become more dizzy than my own heart

내 생명 당신 이름으로

내 체온이 나를 떠나면
그것은 나의 것이 아니야.
나의 말이 나를 떠나면
그 말은 나의 것이 아니야.
그러나 그 말이 나의 이름으로 나간다면
그 말은 언제까지나 나의 것이야.
해가 하느님의 이름으로 빛을 보내서
지상에 생명을 주므로
그 생명은 하느님의 것이야.
나의 생명도 너의 생명도
모두 하느님의 것이야.

•

My Life in His Name

When my body heat leaves me,
It is no longer mine. Likewise,
When my words leave me,
They are no longer mine.

But if they carry my name,

They are always mine.

The Sun sends light in the name of God

And it provides life on earth.

The life is therefore of God.

So is my life and so is yours.

내가 아프리카로 가기 100여 년 전 그곳에서 활동하며 '노예 사냥'의 실상을 폭로하여 노예 무역 금지에 이바지한 영국 탐험가 리빙스턴이 세상을 떠난 자리, 잠비아 북부 치탐보 마을에서 소사 노인과 아이와 함께. 아이는 내 볼펜을 무척 신기해 했다.

2005년 9월 초, 레지오 모임에서 이 시를 낭송한 뒤 며칠 지나지 않아「진리의 벗이 되어」라는 잡지를 받았습니다. 서예가 김혜명 씨가 구상 시인을 기리는 글이 실려 있었습니다. 나의 시는 2003년 1월에 쓴 것인데, 구상 시인의 마음과 통하는 것 같다는 느낌이 들었습니다. 내가 기억하는 글의 요지는 대충 이런 것입니다.

구상 시인의 시를 명제로 서예작품을 만들어, 낙관을 부탁드렸다. 시인께서는 그 작품들에 적혀 있는 당신의 시를 원문과 일일이 대조하여 보시고, 오자가 있는 것에는 낙관을 하시지 않았다. 서예로 보면 김혜명의 작품이지만, 도장 하나가 찍힘으로써 반은 선생님의 것이 되기 때문일 것이다. 낙관을 찍으면서 시인이 말씀하셨다.
"나는 평생 시를 돈과 바꾸지 않았네. 낙관하여 주는 것은 어렵지 않으나, 돈과 바꾸는 일은 하지 말게."

삼등석에서

나의 소홀함 때문에
나의 게으름 때문에
내게 주는 일등석을 찾지 못하고
다른 좌석에 앉았네.

주님께서 나를 특별석으로 부르시기에
서둘러 사람들 틈을 뚫고
간신히 찾아가 보니
딴사람이 차지해 버렸네.

실망하여 얼굴 붉히고 되돌아오니
그 자리도 벌써 남의 차지.

맨 뒤로 가 머뭇거리며 서 있는데
아는 사람이 자기 자리 양보하여 주었네.
아름드리 돌기둥 바로 뒷자리
한없는 삼등석 말석이었네.
뒤에서 함께 서 있던 사람들이
이등석으로 불림 받아 갈 때에는

말석이라도 차지하고 있다는 이유로
난 그 기회마저 놓쳐 버렸네.

커다란 돌기둥을 앞에 맞대고,
꼭이나 침묵의 주님 대면하듯
만져 보고, 껴안아 보고, 기대어 보며
주님 찬미 드렸네.

알렐루야 알렐루야 알렐루야 노래 부르며
주님 찬미 드렸네.
주님 말씀 따라 나를 낮추면
주님께서 날 높이실 것이오라.

주님, 저를 풀어 주소서.
주님, 저의 청을 들어주소서.
간절히 애원하오니 한 말씀만 하소서.
꼭 한 말씀만 해 주소서.

오늘은 주님께서 지으신 날.
당신의 날, 당신의 날.
알렐루야 알렐루야 알렐루야.
높은 데서 호산나. 알렐루야

Grace of the Lowest Class Seat

Due to my carelessness
And my idleness
I could not get the first class seat
That was assigned by the organizer for me.
I got only a third class seat.

This time, the Lord graciously called me to the special seat.
I hastily turned around and passed through the crowd
And barely managed to get there
To find that the seat was already occupied.

I came back with disappointment and shame
To the former second class seat
And found out that it was already taken by someones else.

I was standing with hesitation in the back corridor for a while.
A man whom I know offered me his seat.
That seat which was definitely the third class

Was located just behind a big stone pillar in the rear.

While I was sitting on the seat,
The people who were standing with me in the back corridors
Were called to the second class seats.
I however missed to join with them to take even one of those seats.

I was finally facing the big stone pillar
Which gave me a feeling that I was facing the Lord of silence.
I touched, embraced, and leaned towards the pillar
And talked and praised the Lord.

Alleluia, Alleluia, Alleluia.
I praised the Lord singing songs.
If I humbly lower myself according to the Word of the Lord,
He will lift me up, Alleluia.

Lord, free me.
Lord, listen to me.

I appeal to you O Lord to listen to me.

Say a Word, say a Word without fail!

Today is the day made by you O Lord.

Your day, Your day.

Alleluia, Alleluia, Alleluia.

Hosanna in the Highest. Alleluia

믿음과 은총

믿음과 은총은
정비례한다

믿음이 깊어지면
은총도 깊어지고
믿음이 넓어지면
은총도 넓어지고
믿음이 커지면
은총도 커진다

믿음이 강 건너가면
은총도 강 건너가고
믿음이 산 올라가면
은총도 산 올라간다

Faith and Grace

Grace is

In direct proportion to faith

When faith deepens

Grace also deepens

When faith broadens

Grace also broadens

When faith grows

Grace also grows

When faith crosses the rivers

Grace also crosses the rivers

When faith climbs the mountains

Grace also climbs the mountains

"믿음을 통해 얻게 되는 인식은 인간의 노력으로 얻을 수 있는 모든 지식과 비교할 수 없다." 성 요한의 가르침입니다. 일반적인 지식도 인간이 하느님께 나아가는 데 도움을 줄 수 있지만, 어떤 지식도 믿음 이외에는 하느님께 도달할 수 있도록 해 주지 못합니다.

하느님은 말로 표현하거나 이해할 수 없는 분이시므로 그분께 도달할 수 있는 유일한 사다리는 그분의 말씀을 믿는 것이라고 합니다. 하느님께 일치하는 가장 현실적이고 구체적인 삶의 방법은 믿음이지, 어떤 이상적 관념이나 이론적 지식이 아니라고 합니다.

하느님의 은총은 믿음이 보내 주는 선물입니다. 세상 그 무엇으로부터도 얻을 수 없는 귀중한 선물입니다. 믿음 안에는 뚜렷한 생각과 열정과 희망과 목표가 들어있습니다. 이런 믿음이 강을 건너가면 은총도 강을 건너가고, 산을 올라가면 은총도 산을 올라가게 마련이지요.

아들이 병들어 죽게 된 가나의 고관이 예수 그리스도를 찾아 가 아들을 고쳐 달라고 애원합니다. 그러자 예수 그리스도께서 "집으로 돌아가라. 네 아들은 살 것이다"라고 하셨습니다. 그 말씀을 믿고 집으로 돌아갔더니, 죽어 가던 아들이 과연 나았습니다. (요한 4,46-54)

뿌리

뿌리
나는 너에 붙어 있지만
너는 나에게
아직도 멀다

뿌리
나는 네 자리에 서 있지만
너는 나에게
아직도 멀다

뿌리
나는 너 때문에 살지만
너는 나에게
아직도 멀다

뿌리
나는 너로 하여금 꽃피지만
너는 나에게
아직도 멀다

뿌리

나는 너와 하나지만

너는 나에게

아직도 멀다

뿌리

나는 너를 찾고 있지만

너는 나에게

아직도 멀다

Young Chea Cha 목사님께서 필리핀에서 찍으신 거대한 뿌리 사진.

Roots

Roots

I am attached to you

Yet you are far away

From me

Roots

I am standing on you

Yet you are far away

From me

Roots

I am alive because of you

Yet you are far away

From me

Roots

I produce flowers all because of you

Yet you are far away

From me

Roots

I am one with you

Yet you are far away

From me

Roots

I am looking for you

Yet you are far away

From me

사랑과 증오와 삶

사랑에는
사랑을 불러오는 사랑이 있다

증오에는
증오를 불러오는 증오가 있다

삶에는
삶을 불러오는 삶이 있다

없음에는
있음을 불러오는 있음이 있다

사랑은
찬란한 빛으로 생명을 기른다

Love, Hate and Life

Love begets love
That generates more love

Hate begets hate
That generates more hate

Life begets life
That generates more life

Nothingness begets beings
That generates more beings

The act of love breeds
Life by illuminating light

사랑은 사랑에서 사랑으로

사랑은
사랑에서 사랑으로 사랑에 온다

입에서 오는 것도 아니요
심장에서 오는 것도 아니요
육체에서 오는 것도 아니다

사랑은
사랑에서 사랑으로 사랑에 온다

사랑은
사랑에서 사랑으로 사랑에 간다

입에서 가는 것도 아니요
심장에서 가는 것도 아니요
육체에서 가는 것도 아니다

사랑은
사랑에서 사랑으로 사랑에 간다

사랑은

사랑으로 사랑에서 사랑에 오간다

•

Love Comes As Love From Love

Love comes as love to love

From love

Neither from the mouth

Nor from the heart

And not from the flesh

Love comes as love to love

From love

Love goes as love to love

From love

Neither from the mouth

Nor from the heart

And not from the flesh

Love goes as love to love
From love

Love comes and goes as love
To love from love

하느님은 사랑입니다. 그래서 사랑이 오는 곳은 다 같습니다. 사랑이 사랑에서 사랑으로 사랑에 오가는 것을 사랑이라 합니다.

사랑은 내가 사랑을 담고 있을 때만 사랑으로 사랑하는 이에게 갑니다. 사랑은 내가 사랑을 담고 있을 때만 사랑으로 사랑하는 이에게서 옵니다.

사랑이 한 군데 머물러 있으면 사랑이 못 됩니다. 오가야 사랑이 사랑이 됩니다. 사랑에는 말이 필요 없습니다. 사랑은 말이 없어도 서로가 서로를 알기 때문입니다.

생명

생명은
온다고도 하고
간다고도 하지만
진정한 생명은
오는 것도 아니요
가는 것도 아니다

진정한 생명은
바로 지금,
바로 여기에 있다

생명은
남의 생명을 죽여서
나의 생명을 살린다

진정한 생명은 십자가처럼
나의 생명을 죽여서
남의 생명을 살린다

Life

It is said that

Life comes and goes

Real life however

Does not come and go

It is

Right here and right now

Ordinary life makes itself live

By sacrificing others

But true life

Like the Crucifixion

Makes others live

By sacrificing itself

진정한 생명은 십자가와 같습니다. 나의 목숨을 죽여 남의 목숨을 살려 주는 진정한 생명, 진정한 사랑. Lo and behold, the Crucifixion is a symbol of the truly living thing that saves many lives by sacrificing its own.

1972년 아내와 세 아이들을 데리고 아프리카로 가는 도중, 로마에서 만난 배문한 도미니꼬 신부님. 신부님은 동해에서 세 여자 교우들을 물에서 건져 내어 살리고 당신은 저세상으로 가신 성자다. 거룩한 살신성인 이전에, 그분은 대학 동기인 나를 빛으로 이끌어 주신, 나에게는 영원히 잊을 수 없는 은인이다.

생명이 없었더라면

지상에
생명이 없었더라면
나는 없다

빛이 없었더라면
생명이 없다

해가 없었더라면
빛이 없다

말씀이 없었더라면
해도 없다

생명이 없었더라면
지구는 쓸모없다

생명이 없었더라면
빛도 쓸모없다

생명이 없었더라면
해도 쓸모없다

생명이 없었더라면
암흑도 쓸모없다

생명이 없었더라면
나도 쓸모없다

Without Life

Without life
In this world
I do not exist

Without light
No life can exist

Without sun
There could be no light

Without the Word
The sun cannot exist

Without life
This earth is of no use

Without life
Light is useless

Without life

The sun is useless

Without life

Even darkness is useless

Without life

I am certainly useless

    그리스도교든 불교든, 다 같이 생명을 초점으로 하고 있습니다. 그리스도교는 하느님의 구원에 의한 부활이 초점입니다. 부활은 생명에 초점을 맞추는 것입니다. 불교에서의 윤회 역시 그 초점은 생명에 있다고 들었습니다. 이 세상 모든 귀한 것은 다 생명에 초점을 맞추고 있습니다.

서로가 서로의 거름이 되어

참나무 잎이 썩어 아카시아나무 거름 되고
아카시아나무 잎이 썩어 참나무 거름 된다.
아카시아나무 잎이 썩어서 주는 거름을
참나무가 마다할 리 없고
참나무 잎이 썩어서 주는 거름을
아카시아나무가 마다할 리 없다.
서로에게서 받은 거름을 서로 먹고 자라는 것이거늘.

서로 주고 서로 받아 푸른 숲이 산을 덮으면
태산에 울창한 옷 입히게 되는 것이다.
종류가 다르다 따지고,
이름이 다르다 차별하고,
모양이 다르다 배척할 까닭이 있는가.

기대고 북돋아주면서도 참나무는 참나무 특성 지키고
아카시아나무는 아카시아나무 특성을 견지한다.
진리라면 서로 받아들이고
진리라면 서로 흡수하여
자기 것으로 삼으면서도 자기 특성 지켜

꽃 피고 열매 맺으면 되지 않는가.

사막지대에서 2천 년 넘게 산다는 바오밥 나무의 밑동은 직경이 4미터가 넘는다. 아프리카 사람들은 가족이 세상을 떠나면 둥치의 일부를 도려내고 시신을 안장한다. 몇 년 지나면 도려낸 부분이 아물어, 나무의 일부가 된다. 살아생전 사람들은 바오밥 나무 잎을 채소로 먹고, 열매는 양식으로 하고, 나무껍질은 두들겨 옷으로 입고, 죽어서는 그 속에 들어가 거름이 되어 은혜에 보답한다. 참으로 오묘한 자연과 인간과의 관계다. 사진은 시신을 넣고 닫은 지 오래되어 아문 흔적.

Trees Provide Manure for One Another

The leaves of oak trees decompose

And offer their manure to acacia trees.

The leaves of acacia decompose

And offer their manure to oak trees.

There is no reason for the oak trees

To refuse the manure provided by the acacia trees.

There is no reason for the acacia trees

To reject the manure provided by the oak trees.

Since they thrive by absorbing nutrients provided by one another.

As long as trees cover bare mountains

And accommodate with deep forests,

There should be no reason to differentiate trees

By kinds and names.

Why should we also reject trees by shapes?

Under the circumstances both oak trees and acacia trees

Keep their identity as such.

Why cannot we, as human beings, keep our own identity in a mixed culture?

If not, we cannot be better than the oak and acacia trees.

We should mutually accept

And digest whatever is mutually provided if it is truth

Making good use of it as our own.

Would it not be fine as long as we keep our own identity

And produce our own flowers and set our own fruits?

시는

시가 아름답기만 하면
한 송이 열매 없는 장미.
씨 없어 생명력 없으니
시들면 그만.
아름다운 여배우
박수갈채 잦아들고
막 내리면 사라지듯.
개살구처럼 아름다운 꽃 피우고
시디신 열매만 맺으면
가뭄 날 뜬구름.

시는 캄캄한 한밤중
하늘에 뜬 달.
햇빛 받아 전해 주듯
침묵의 말씀 받아
전해 주는 것.
모든 이에게 전해 주는 것.
영원히 대신 전해 주는 것.

Poems Are

If poems were written
Only in beautiful words,
They could be something like roses with no fruit.
Since they have no core,
Once they are wilted, they are of no use.
Beautiful actresses in movies for public entertainment
Will be vanishing when their popularity is diminished.
The wild apricot trees bloom beautifully in spring
While producing sour tasting fruits
Of no use, like clouds in the midst of a drought.

Poems are like the bright moon
In the dark night
Which reflects the light
From the sun.
As such, they convey words of silence
To many people in this dark world
For all eternity.

시간이 머무는 곳에

시간 속의 시간이
나래요

우주 속의 우주가
나래요

시간이 머무는 곳에
나는 머물래요

우주가 머무는 곳에
나는 머물래요

내 마음이 앉는 곳에
나는 앉을래요

내 마음이 머무는 곳에
나는 머물래요

Where Time Stays

I am a time
Within time

I am a universe
Within a universe

I am going to rest
Where time rests

I am going to stay
Where the universe stays

I am going to sit
Where The Spirit sits

I am going to stay
Where The Spirit stays

김석태 작가님의 이라크 번개 사진

　무한의 하느님 안에서의 유한의 존재가 나입니다. 대우주 속의 소우주, 그것이 나입니다. 보탤 수도, 뺄 수도 없는 시간. 인간이 어찌할 수도 없는 시간. 나는 바로 그런 시간 속의 존재입니다. 그러니 시간에 내맡기는 수밖에요. 하느님의 시간에 내맡기는 수밖에요.

　무한의 시간 ― 하느님께서 쉬어 가시는 그곳에서 나도 쉬어가고 싶습니다. 대우주 ― 하느님께서 머무시는 그곳에서 나도 머물고 싶습니다. 영원한 하느님 품안에 쉬어 가고, 머물고 싶습니다. 그런 무한한 시간과 공간 속에서 그리스도의 현존을 체험해 보고 싶습니다. 하느님의 현존을 체험해 보고 싶습니다.

없되, 가득하게

아무 것도 없되 가득하다고 느끼면
인간의 마음이 미칠 수 있는
그 극極에 다다른다
가득하다고만 느끼는 이나
비었다고만 느끼는 이는 모두
미치지 못함이 있지만
아무 것도 없되 가득하다고 느끼는 이나
가득하되 아무 것도 없다고 느끼는 이는
모든 것을 갖추고 있으니
이에 더할 것이 없다

•

To Feel Full Within the Emptiness

If you feel full
Although you have nothing
You have found fulfillment
If you feel there is always plenty
Or only vain

You will never get there

But if you feel full

Although you have nothing

Or feel empty

Although you have plenty

You own everything within you

Requiring nothing else

영혼의 꿈

어느 날 잠자리에서
하느님이 부르십디다
그저 흔쾌히 따라 나섰지요
하나의 길이 나옵디다
그 길을 한참 걸어갔지요
가다 보니 '진리'라는 우물이 나오더군요
몹시 갈증이 난 나는 그 우물물을 막 마셔댔어요
'자유의 마을'로 가는 마차가 하나 지나가더군요
무턱대고 따라 가며 마부더러 태워 달라 했지요

한참 마차를 타고 갔어요
험한 고개 길이 나오데요
또 가고 가니 강이 나와 백사장을 마차로 터벅터벅 지났지요
나루턱이 나옵디다
배를 저어 온 사공은 나를 이리저리 살펴보더니
'배가 작아서 마차에 실린 무거운 죄의 짐 보따리는 안 되겠소.'
그냥 몸만 배에 올라탔지요

거기 강 건너 마을

모든 사람들이 쇠고랑을 차고 있더군요
이름을 물어 보니 '자유의 마을'
얼마 동안 머물고 있었더니
한 분이 나의 손발에 쇠고랑을 채워 주며
'자유의 쇠고랑'이라 하시더군요
괭이와 호미를 쥐어 주면서
'용서의 괭이와 사랑의 호미요.
사람들과 함께 밭을 일구어
사랑의 씨를 뿌리고 가꿔 보시오.'

땀을 뻘뻘 흘리며 밭을 일구고 사랑의 씨를 뿌렸지요
싹이 터 나오데요
열심히 김매고 물 주어 가꾸었지요
나무가 자랍디다
기쁨의 열매도 맺히고
일치의 열매도 맺히고
평화라는 열매도 맺히고
생명이라는 열매도 맺히더군요
그런데 이런!
열매가 다 익으니
그분이 모조리 다
따 가지고 가셨지 뭐요

A Dream of Soul

One day, God called me

So I willingly followed him

A road appeared

So I went along that road

On my way, I came upon a spring

I was so thirsty that I drank the water from the spring

While I was there

I saw a wagon going towards the 'Freedom Village'

So I followed the wagon and asked the driver for a ride

I rode in the wagon for some time

And a high hill appeared

I continued the journey until a river came before my eyes

The wagon went through a sandy riverside with great difficulty

Till it got to a boarding dock of a ferryboat

A ferryman slowly walked down to the boat that was on the other side of the river

He rowed the boat and came towards me, watched me,

and stated, 'my boat is too small'

He then said, 'your luggage of sins on the wagon is too heavy for my boat'

Therefore, I myself only boarded the ferry

Leaving all my possessions behind

At last, I went across the river

But strangely people in the village on the other side

Were all chained

I was very curious so I asked them what the name of the village was

They replied, 'Freedom Village'

I stayed there for several days

A man approached me with a chain,

Clasped it around my hands and legs,

And said, 'this is the chain of freedom'

He also gave me a hoe and a hand hoe

And asserted, 'this hoe is the hoe of forgiveness and this hand hoe is hoe of love'

He then asked me to use the hoes while working together with his people,

Planting seeds and cultivating plants

We ploughed land, sweat,

And sowed the seeds of love together

Soon after, the seeds sprouted

I cultivated the plants with deft

The plants grew vigorously

They produced the fruits of happiness

The fruits of unity

The fruits of peace and also

The fruits of life

When the fruits ripened

The man appeared, harvested, and took all the fruits with him

Afterwards I woke up from a dream

"그리스도인이란 포로다. 하느님의 말씀의 포로, 주 예수의 뜻에 사로잡힌 포로, 우리 자신의 고유한 인간적 안목을 넘어서서 나타나는 하느님의 계획에 따르는 포로다." 마들렌 델브렐의 말입니다. (쟈크 뢰브)

바울로 사도는 갈라디아인들에게 "하느님께서는 자유를 주시려고 여러분을 부르셨습니다. 그러나 그 자유를 여러분의 욕정으로 만족시키는 기회로 삼지 마십시오. 오히려 여러분은 사랑으로 서로 종이 되십시오"라고 하였습니다. (갈라 5,13) 로마인들에게는 "죄에서

해방되어 하느님의 종이 되었습니다"라고 하였습니다. (로마 6,22)

"당신을 거스르는 자유를 나에게서 없이 하시소서. 이 귀양살이가 끝난 다음에 내 고향 천국에서 기꺼이 당신을 누리기를 바라나이다."(프란체스카 데레사가 1895년 6월 9일 삼위일체 축일에 행한, 인자하신 하느님 사랑에 몸을 바치는 기도)

"나는 지상에서 행복과 기쁨을 얻었습니다. 그것은 오직 고통 앞에 서만이었습니다. 나는 살맛을 단맛과 낙으로 삼을 줄을 알고 있습니다. 성인들은 같은 감옥에 갇혀 있는 나를 북돋아 밀어줍니다. 그리고 '너도 사슬에 묶여 있는 동안에는 너의 사명을 다할 수 있지만, 네가 죽은 뒤에는 너의 그 정복의 때가 오리라'고 하십니다. 고행을 실천하는 편이 더 좋습니다. 보다 정신을 자유롭게 해 주는 그런 방법으로."(성녀 소화 데레사가 마지막 남긴 말)

옹달샘 속에는

각자 깊숙이에는
옹달샘이 있다네

옹달샘 속에는
하느님이 계시다네

옹달샘 속에는
참나[眞我]가 있다네

옹달샘 속에는
진리의 별들이 있다네

Deep in a Fountain

Everyone has a fountain
Deep in his heart

In this fountain
God is present

In this fountain
True self is present

In this fountain
The stars of truth are present

자본자근 自本自根

하느님은
스스로 대궁이시고
스스로 뿌리이시다
스스로 포도나무요
스스로 근본이 되신다
스스로 꽃 피시고,
스스로 열매 맺으시고
스스로 살아 계신다

하느님은
스스로 하느님이시고
스스로 성자님이시고
스스로 성령님이시다

The Vine and Root of Their Own Accord

God is a

Vine

And a root

Of his own accord

He is thus a grape vine

And a root of his own accord

Therefore the vine produces flowers

And sets fruit on its own accord

It thus leads its own life on its own accord

God is

God of his own accord

Son of his own accord

Spirit of his own accord

『장자』 대종사大宗師 편에는 '자본자근自本自根'이라는 말이 나옵니다. 스스로 밑둥이고 스스로 뿌리根라는 뜻이지요. 나는 이 말을 『예수의 지혜(The Wisdom of Jesus)』라는 책 안에 있는 포도나무 그림 밑에 적어

두었습니다. 포도는 꺾꽂이로 번식합니다. 가지를 흙에 꽂아 놓으면 땅속으로 뿌리가 자라고, 밖으로는 줄기가 나옵니다. 그야말로 자본자근이 아닐 수 없습니다.

"나는 참 포도나무요"(요한 15,1)라고 하신 그리스도의 비유 말씀은 생각하면 할수록 참으로 오묘한 뜻을 담고 있습니다. "사람을 거룩하게 해 주시는 분과 거룩하게 된 사람들은 모두 같은 근원에서 나왔습니다. The one who sanctifies and those who are sanctified all have one Father." (히브 2,11)

죽을 때까지 웃으리라

죽을 때까지 웃으리라
영문도 모르고 웃으리라
우죽거리고 웃으리라
나도 모르고 웃으리라
가면의 웃옷 입고 웃으리라
그러면 죽는 그때 가서나
그 웃었던 진짜의 까닭
알고나 죽을 수 있을 것인가

I Will Laugh Till I Die

I'm going to laugh

For no reason

Wearing a mask

Without knowing

But proudly

Until I can then finally die

Barely understanding the times

The real reasons

Why had I laughed?

"자기중심적 이기주의는 사랑이라는 가면을 쓰고 모든 것을 지배한다. 그렇지만 그 가면은 별안간 파멸되어 버리고 만다."

가스야 고오이치(粕谷甲一)라는 분이 쓴 『꽃피는 봄』 가운데 나오는 말입니다.

이 세상에는 알게 모르게 사랑을 앞세워 자기 잇속을 차리는 짓이 매일 같이 반복되고 있습니다. 내 자신 역시 잘못이라는 것을 뻔히 알면서도 여전히 그리고 버젓이 그런 짓을 행하고 있습니다. 파멸되기 이전에 사랑의 가면을 과감히 벗어 버려야겠습니다.

중심의 중심

중심의 중심은 말씀이다

빛이 말씀으로부터
생명이 말씀으로부터
사랑이 말씀으로부터

그래서
빛의 중심이 말씀
생명의 중심이 말씀
사랑의 중심이 말씀

그러므로
말씀이 모든 중심의 중심이다

The Center of Centers

The center of centers is The Word

Light is from The Word

Life is from The Word

Love is from The Word

Thus

The center of light is The Word

The center of life is The Word

The center of love is The Word

Therefore

The Word is the center of all centers

영적 중심이 하느님입니다. 존재의 중심이 하느님입니다. 성심이 그 중심입니다. 하느님의 사랑의 마음이 성심입니다. 성심을 깨달으면 모든 것을 깨닫습니다. 성심 안에 있으면 모든 것 안에 있습니다. 성심 안에 있으면 바로 그 중심에 있습니다.

하느님 사랑

하느님 사랑
하느님 사랑

눈물과
피땀 흘리며
애써 겪고 이겨낸
고통 끝에

달콤한 열매로
가득히 되돌아오는
하느님 사랑

영원히 꺼지지 않는
생명으로 되돌아오는
하느님 사랑

The Love of God

The love of God
The love of God

After going through
The pains
Through tears, sweat
And the hardship

The love of God
Rewards abundantly
With sweet fruits

The love of God
Rewards without failure
With ever-lasting life

하느님에게는 그릇이 필요 없다

인간은
그릇이 있어야 물을 담지만
하느님은
그릇 없이도 물을 담으신다

인간의 지혜로는
고작 그릇에 물을 담고
저수지에 물을 담지만
하느님의 힘으로는
그릇이 필요 없이
대해大海에 그 많은 물을 담는다

그러니 우리는
똑같은 인간의 지혜에 의지하지 말고
하느님의 무한한 능력에 의존해야 한다
유한의 인간 지혜에 의지하지 말고
무한의 하느님 능력에 의지해야 한다

Container With God

Human beings need containers
To store water in them
On the other hand, God stores water
Without containers

As it is human capacity
Water can only be preserved either in containers
Or in reservoirs
However, through the power of God
A great amount of water is stored in oceans
Without containers

We thus rely
Upon the limitless power of God
Not upon finite capacity of human beings
But upon the infinite power of God

호박에 귀가 있다더냐

이른 봄에
호박씨를 심었다
오래 기다렸더니
어린 싹이 땅을 뚫고 나왔다
날씨가 따스해지자
무럭무럭 자라
넝쿨이 무성하게 뻗어 나갔다
왜 호박이 넝쿨을 그리 뻗어 가는지 아는가
말씀 따라 말씀 찾아 말씀을 위하여 말씀 때문에
생명 따라 생명 찾아 생명을 위하여 생명 때문에

호박은
그렇게 말씀을
알아듣고 따랐으니
꽃을 피우리라
열매를 맺으리라
그 속에 씨를 듬뿍 담으리라
듬뿍 담으리라
그래서 넝쿨을 뻗어 가는 것이겠지

말씀 따라 말씀 찾아 말씀을 위하여 말씀 때문에

생명 따라 생명 찾아 생명을 위하여 생명 때문에

정말 호박에

알아들을 귀가 있다더냐

말씀 따라 말씀 찾아 말씀을 위하여 말씀 때문에

생명 따라 생명 찾아 생명을 위하여 생명 때문에

넝쿨을 뻗어

꽃 피고

열매 맺혀 그 안에

씨를 듬뿍 담으라는

그 말씀을 알아들을 귀가 있다더냐

호박에 그런 귀가 있다더냐

Do The Pumpkins Have Ears?

Early in spring

The seeds of a pumpkin were sowed,

And waited on for quite a long time

To germinate out of the ground.

As it became warmer

They grew vigorously, stretching out their vines.

Why did they grow and stretch out their vines in that way?

Most likely, because they followed the Word,

Traced for the Word, and went for the Word,

And because they followed life,

Traced for life, and went for the life.

Since the pumpkins

Ran after the Word

In such a way,

They will certainly produce flowers, set fruits,

And grow plenty of seeds

Wholesomely in them.

Why did they grow and stretch out their vines in that way?

Most likely, because they followed the Word,

Traced the Word, and went for the Word,

And because they followed life,

Traced for life, and went for life.

Do pumpkins

Really have ears to listen

Through which they can stretch out their vines

And produce flowers

And Set fruits

With plenty of seeds in them?

Do they really have such ears to react

and follow the Word, trace for the Word,

And go for the Word,

And to follow life, to trace for life,

And to go for life according to the Word?

호박은 귀 없이도 들을 수 있는 귀가 있습니다. 이 시 이외에 두 편이 제66회 '한국문인' 신인문학상 당선작입니다. 심사위원은 심사평에서 이렇게 적고 있습니다.

> 한상기의 시는 현재 보이지 않는 것을 보이게, 보였던 것을 보이지 않게 하여 종횡무진 시 세계를 관통하는 능력이 있다. '호박에 귀가 있다더냐'는 운율감이 매우 뛰어나다. 점층법을 사용하여 생동감이 넘치게 하는 시는 읽는 이로 하여금 신바람을 일으키게 한다.
> '친구의 등불'은 현재 부재인 그리운 사람, 그리운 것들에 대한 아쉬움을 과거와 현재를 넘나들며 표면적으론 어둠을 말하고 있으나, 시적 자아는 오히려 현재 시점에서 과거를 보고 있어 전혀 어둡다는 느낌을 주지 않는다.

'가져올 것도 없는데'는 평범한 일상에 구도승과 절대자를 통해 새로운 세계를 구현해내고 있다. 그런 점에서 시적 화자를 통해 정서의 폭을 넓혀 주고 감흥을 주는 독특한 작법을 구사하는 시적 성숙미가 훌륭하다. 뛰어난 시가 많이 탄생되리라 믿는다. (『한국문인』 2011년 4월호)

James Hakjoo Yi님 사진

샹그릴라로 가는 길

핏줄로 연결 된 아이들과
한 차에 탔다
한참 달렸어도
무진장 이렇게만 가고 싶다
샹그릴라를 향해 달려가고 싶다
그러나 어느새 내려야 할 역에 다다라
헤어져야 할 아쉬움을 눈물로 바꾸면서

홍시 같았던 것
이젠 호박꼬지같이 된
손등
나의 마음을 읽어 주며
샹그릴라로 가는 길?
글쎄…

삼대의 울음소리 나의 꿈을 깨우고
그리고 막연한 의구심
아니, 샹그릴라로 가는 길은
저 구름 속에

The Road to Shangri-La

We were running in the same car for some time

With our children who are tied with blood

We wish we could go like this

Toward Shangri-La forever

However we without our knowledge

Arrived at the station where we had to part from

Our children exchanging the sadness with tears

It was like a matured persimmon before

Now it has become like dried pumpkin chips

The backside of our hands

Allows us to read our mind

The road to Shangri-La?

Perhaps

The cry of our third generation

Woke up our dreams with

Ambiguous doubt

No, the road to Shangri-La

In the clouds

샹그릴라든, 유토피아든, 아발론이든, 엘도라도든, 모든 이상향으로 가는 길은 구름 속에 있다고 합니다. 하늘나라가 이 세상에 있어야 하듯, 이상향도 이 세상에 있으면 얼마나 좋을까요. 이상향은 거저 주어지지도 않고, 아무나 그냥 차지할 수 있는 것도 아니지만.

홍시 같이 탐스러웠는데, 이젠 호박꼬지같이 마른 손에
'앤 여왕의 레이스'라는 고상한 이름의 꽃이 들려 있다.
여왕도, 숙녀도, 세월을 이기는 힘은 없다.

■ 시를 읽고

가난을 구제할 소명을 사랑으로 승화시킨 시편들

앞에 보이는 것은 길뿐이고, 들리는 것은 나의 심장이 뛰는 고동 소리뿐이다.
– 한상기 지음 『아프리카, 아프리카』

정과리 (문학평론가·연세대학교 교수·동인문학상 종신 심사위원)

한상기 선생은 고결한 행적으로 널리 알려져 있는 분이다. 40여 년 전에 나이지리아에 투신해 아프리카의 식량난을 해결한 농학자다. 우리는 이런 행적 앞에서 옷깃을 여미지 않을 수 없다. '사람이 사람답다' 라는 말은 바로 이런 삶들에 비추어져서 성립한다. 사람들은 항상 사람다우려 하지만, 늘 그에 못 미친다. 이것이 짐승과 다른 인간의 조건이다. 그러나 그 사람다움에 가장 가까이 다가간 이들이 없었더라면 인간 조건 자체가 인지되지 못했을 것이며, 그 조건을 채우려는 노력 또한 없었을 것이다. 한상기 선생은 그런 키잡이 역할을 한 분 가운데 하나다.

삶이 시 자체인 분에게, 왜 시가 또 필요했을까? 그이가 아프리카로 갈 때 남다른 각오가 있었을 것이다. 시편들을 읽어 보면 그 각오는 신앙과 깊이 관련되어 있는 것으로 보인다. 수직의 높이에서 진리의 이름으로 그에게 내려 온 말씀이 있었을 것이다. 그리고 그는 그것을 이행하고자 세

속의 자잘한 이익들을 버릴 결심을 했을 것이다. 그이에게 주어진 소명이 그만큼 소중하게 다가왔을 것이다.

그러나 시편들을 다시 읽어 보면 그는 무엇보다도 보통 사람의 어려움을 그곳에서 만난 것으로 보인다. 맨 마지막 시의 한 구절을 그는 이렇게 적고 있다.

> 홍시 같았던 것
> 이젠 호박꼬지같이 된
> 손등 (「샹그릴라로 가는 길」)

보통사람들에게서 가장 흔히 발성되곤 하는 생생한 인간적인 고백이다. 그는 극기와 인내력으로 무장한 '위인'이기에 앞서 하나의 여린 영혼이었다. 그는 아프리카의 사막에서부터 그 느낌에 사로잡혔다고 모두 冒頭에서부터 말한다.

> 이 넓은 사하라 사막에서
> 한줌의 모래를 집어 봅니다.
> 이 무진장한 대기 속에서
> 한숨의 공기를 마셔 봅니다.
> 이 무한한 시간 속에서
> 한번 눈을 살며시 감아 봅니다.

세 번째 시「사하라 사막의 작은 발자국」의 앞부분이다. 이 대목을 바로 직전의 시, 즉 '서시' 역할을 하는 「광야로 꾀어내어」와 연결시키면 처음 아프리카에 도착한 이의 당황이 선명히 윤곽을 드러낸다.

> 나는 이제 너를
> 아프리카 광야로
> 꾀어내어
> 사랑을 속삭이게 하여 주리라.

"주님의 꾐에 말려" 들어 사랑을 전파하러 아프리카로 왔는데, 그가 소명의 실행에 앞서 마주친 것은 자신의 한없는 미약함이었다. 그리고 그것은 자신의 신념을 행하려는 사람이라면 누구나 부딪쳐야만 하는 정직한 자기 대면이다. 스스로 소명의 능력을 자신에게 입증해야만 하는 것이다. 그 입증이 없는 한 하늘은 침묵하고, 앞에 놓인 건 사막뿐이다. "저 우주의 한없는 침묵이 나를 두렵게 한다"고 고백했던 파스칼의 공포가 바로 그것이다.

믿음에 대한 절대적인 의지와 세계에 대한 무지를 동시에 품고 있는 영혼을 두고 우리는 흔히 '비극적 세계관'을 가지고 있다고 말한다. 비극적이라는 것은 단순히 세상에 절망하고 비관하는 태도를 가리키는 것이 아니다. 세계에 대한 절망이 극심한 만큼 동시에 세계에 대한 믿음이 강렬한 자세, 믿음의 세기가 크기 때문에 세계의 사소한 부정성에도 격렬한 고통을 느끼는 상태가 비극적이다.

뤼시엥 골드만Lucien Goldmann은 비극적 세계관은 '전부이면서 동시에 전무All and Nothing'의 세계관이라고 정의했다. 비극적 세계관의 영혼은 자신을 신(진리)의 도구이면서 동시에 가장 자유로운 인간으로서 생각한다. 그래서 주어진 진리를 무조건적으로 집행하는 것만을 능사로 여기지 않는다. 오히려 그는 그 진리를 자신의 지성과 의지와 능력 속에서 온전히 소화할 수 있어야 하는 것으로 받아들인다. 자신의 자유의지가 그 진리를 감당할 수 있는가를 측정해야 하는 것이다.

그러한 자세는 그를 극심한 고뇌 속에 빠뜨린다. 그는 한갓 인간이기에 신의 뜻을 모두 안다고 감히 자처할 수 없기 때문이다. 그는 끝없이 회의하고 질문하고 탐색한다. 그 과정은 결코 끝나지 않는다. 그것이 그를 거듭 전락시키지만, 그러나 그 질문과 탐색의 자세로 그는 동시에 쉼 없이 상승한다. 추락할수록 그것을 감당하는 자의 오연함을 보이며, 상승할수록 자신이 한갓 미물과 다름없음에 탄식한다.

시는 바로 그 자리에 위치한다. 시는 교리문답서도, 신앙고백서도 아니다. 그것은 무엇보다도 광야에서 홀로 세상의 광포함과 맞서야 하는 가녀린 영혼의 외침이다. 그러나 동시에 시는 일기나 수필이 아니며, 하물며 그저 한탄은 더욱 아니다. 시는 인간의 비루한 삶을 본질과 연결시키고자 하는 의지의 산물이자 그 연결의 교량이다. 시는 비극적 인간의 '전부 그리고 전무'라는 양극단을 하나로 이으려 한다. 그렇게 하려면 '그리고(and)'에 풍부한 내용을 담아야 한다. 그 풍부한 내용은 그가 수행할 삶을 통해서만 채워진다. 진리의 맹목적인 수행이 아닌, 진리와 자신의 불일치에 대한 회오와 그 둘을 일치시키려는 의지가 서로를 부추기며 불태우는 삶을 향한 열정이 그 삶을 연단하는 것이다.

한상기 선생의 시편들이 전개되는 과정은 바로 그 열정의 전개, 그 자체다. 시는 우선 진리의 부름과 세속의 하찮은 일상을 연결할 고리를 찾는다. 그 고리는 진리를 등불 삼아 일상의 삶 하나하나를 깨달음의 모루 위에 놓는 것이다.

>내 맥박을 장단 삼고
>저 북극성을 나침반 삼아
>드넓은 사하라 사막에
>아주 작은 발자국 남기면서
>한 발짝 한 발짝 걸어봅니다. (「사하라 사막의 작은 발자국」)

시는 정확히 그 연결을 가리키고 있다. 저 북극성이 진리의 환기체라면 나는 그것을 나침반 삼아 "이 넓은 사막에 / 이 작은 발자국 남기면서" 걸어야 한다. 그런데 저 나침반이 이 작은 발자국에 저절로 의미를 주는 게 아니다. 그것에 의미가 부여되려면 "내 맥박을 장단" 삼아야 한다. 북극성과 사막이라는 양 극단을 하나로 연결하기 위한 의지가 작동해야 하는 것이다. 그 의지는 나의 내면으로부터 자발적으로 솟아오른 것이어야 한다. 그것만이 그 의지의 정직성을 보장할 수 있다. 그래서 "내 맥박"이다.

그때 시는 단순히 "아름답기만" 한 "열매 없는 장미"의 상태를 벗어나,

>시는 캄캄한 한밤중
>하늘에 뜬 달.
>햇빛 받아 전해 주듯
>침묵의 말씀 받아

전해 주는 것.

모든 이에게 전해 주는 것.

영원히 대신 전해 주는 것. (「시는」)

으로 존재하게 된다. 시는 그러니까 매순간을 깨달음의 계기로 변환시킨다. 그러나 그것으로 그치는 게 아니다. 진리의 말과 일상의 말은 다르기 때문이다. 천상의 언어와 지상의 언어는 근본적으로 호환될 수 없다. 그것을 절실하게 느껴 알았기에 시인은 햇빛으로부터 오는 전언이 "침묵의 말씀"이라고 적는다. 침묵을 어떻게 말로 바꿀 수 있을 것인가?

한상기 선생의 시는 여기에서 한 단계의 도약을 요구받는다. 진리와 일상의 교통이 첫 단계의 방법적 설정이라면, 이제 그 교통의 실제적인 운행자와 운용 방식이 세워져야 하는 것이다. 그것이 만들어져야만 침묵이 신호로 바뀌어 메시지로 번역될 수 있다. 시인이 마침내 발견한 그 운행자는 다름 아니라 '자연'이었다. '강'을 비롯하여 '비' '물' '엉겅퀴' '돌' '잡초' 같은 것이었다.

왜 자연인가? 자연은 한편으로 그가 아프리카에서 사람들과 더불어 항상 마주치는 대상이다. 그것이 자연과 사람(일상)의 근접성을 보장해준다. 그런데 다른 한편, 자연은 사람들과 달리 언어로 말하지 않는다. 그것은 형상으로만 보여준다. 따라서 자연은 사람들(일상)과 동떨어져 있다. 그 거리는 자연을 진리 쪽으로 근접시킨다. 신의 말씀이 침묵의 언어이듯이 자연의 말도 침묵의 언어인 것이다.

침묵 없이는

자연은 벙어리다

침묵 없이는

자연은 귀머거리다

자연의 말을 들으려면

귀머거리가 되고

벙어리가 되어

침묵하는 길밖엔 없다

[……]

침묵 없이는

침묵의 자연을

알 길이 없다

침묵의 하느님을

알 길이 없다 (「자연은 벙어리」)

  자연의 말을 들으려면 자연과 닮아야 한다. 침묵의 언어를 들으려면 침묵하는 습관을 들이고 침묵하는 법을 알아야 한다. 이 침묵하는 습관을 인간의 동작으로 옮기면 '명상'이 될 것이다. 고요한 명상만이 침묵 속의 전언을 헤아리도록 만든다. 아마도 그것이 한상기 선생의 삶을 지탱해 주는 가장 중요한 방법적 자세였을 것이다. 명상을 통해 일상의 사건

들을 진리의 현현으로 이해하는 것. 독자는 그것을 이 시집에 포함된 '보충설명' 성격의 글들 곳곳에서 확인할 수 있다.

그렇다고 해서 아직 침묵의 언어가 그대로 신호로 바뀔 수 있는 것은 아니다. 침묵하는 법, 더 정확하게 말해 침묵으로써 말하는 방법을 찾아내야 하는 것이다. 바로 그 방법의 모색에 한상기 선생의 시는 오래 몰두했던 것으로 보인다. 그가 자연의 두 가지 측면, 일상과 진리에 동시에 근접해 있다는 모순적인 성격을 끌고 가는 일을 멈추지 않았기 때문이다. 그것을 가장 선명히 보여주는 부분이 '강'과 '강물'을 구분하는 대목이다.

> 물이 흘러 강이 되었지만
> 강은 물을 무심코 보내기만 하고
> 강물은 자꾸만 늙어 사라지는데
> 강은 우두커니 바라만 보네 (「강 건너 저 쪽에」)

강은 물로 이루어진다. 그러나 강은 침묵하고 있고 물은 "늙어 사라진"다. 그에게 '강'은 무조건 "내게 강 같은 평화"이기만 한 것이 아니다. 그 안에 세속의 온갖 유한한 것, 잡스러운 것이 섞여 있는 것이다.

그런데 바로 모순을 끌고 간 시인의 이 억척 자체로부터 해답이 솟아오른다. 여기서 한상기 선생의 시는 세 번째 도약을 이룬다. 다음 시를 보자.

민들레가

우리 집 뜰에서 자라

꽃을 피우니

잡초가 되었다

민들레가

우리 집 뜰에서

해마다 뽑히고 또 뽑혀도

나오고 또 나온다

민들레가 들에서

또 옆집에서 자라

꽃피고 열매 맺어

날라 오기 때문이다 (「민들레」)

　민들레가 잡초가 된 사연을 말하는 시다. 여기에 기묘한 역설이 숨어 있다는 것을 알아차리기는 쉬운 일이 아니다. 앞에서 우리는 시인이 자연의 일상성과 진리성을 동시에 끌고 간다고 말했다. 만일 이 모순을 모순 그 자체로만 이해한다면, 자연은 한편으로 위대하며 다른 한편으로 비천하다. 그리고 만일 자연의 내부에서 그 위대함과 비천함을 구별하려 한다면, 자연 안에 등급이 매겨질 것이다. 가령 장미는 위대하고 잡초는 비천하다는 식으로 말이다. 그런데 위 시는 민들레가 잡초가 되었다는 사실을 우선 지적한다. "우리 집 뜰에서" 그렇게 되었다는 것이다. 이 말은 마치 자연이 인간에게 가까이 다가오더니 비천한 것으로 변했다는 것처럼 읽힐 수 있다. 그런데 바로 그 순간에 시는 슬그머니 언어의 방향을 돌려 다른 점을 강조한다. 바로 그 민들레가 잡초로서 '꽃을 피웠다'는 것을. 그것도 잡초로서 꽃을 피우니, 때와 장소를 가리지 않고 매순간 사방에서 핀다는 것을. 그러니, 민들레가 잡초가 됨으로써 잡초가 진정한 민들레가 된 것이다. 이 놀라운 역설은 우리에게 완전히 새로운 두 가지 각성을 제공한다.

우선 '침묵'의 처소. 우리는 지금까지 침묵하는 게 진리의 말씀이라고 생각해 왔다. 그런데 실제로 우리가 이해하지 못했던 것은 진리의 '침묵'이 아니라 오히려 이웃(일상)의 삶이었다. 그것도 이웃을 진리로부터 떼어냄으로써 자발적으로 그에 대해 무지하려고 했던 것이다.

다음, '진리'가 드러나는 장소. 그런데 생각해 보니, 우리가 무시했던 바로 그 잡초가 꽃을 피우고 있었던 것이다. 다시 말해 일상(이웃)이 바로 진리가 드러나는 장소였던 것이다. 그러니 진리와 일상은 서로 비각을 세우고 있는 게 아니라 오히려 상대방을 비추어 주는 거울이었던 것이다. 침묵하는 진리가 의미하는 바를 이해하려면 바로 이웃에 대해 침묵하던 습관을 버려야 한다. 이웃의 말을 제대로 알아들어야 하는 것이다. 요컨대, 하느님의 말씀은 '착한 사마리아인의 사건'으로 나타남으로써 우리를 각성시키는 것이다. 인간의 보잘 것 없는 행동 하나가 곧 진리의 빛을 쬐고 환히 빛나는 것이다. 빛은 저 먼 데 있는 게 아닌 것이다.

바로 이 각성을 통해서 시인은 그의 본래의 소명을 다시 생각하게 된다. 그가 행할 것은 그가 위임받았다고 생각한 진리를 불쌍한 인간들에게 가르쳐 주는 게 아니다. 오히려 사람들 사이에서 진리가 드러나는 것을 깨닫는 것이다. 그것을 시인은 자연의 은유를 통해 다음과 같이 표현한다.

이끼를 살게 하고
물고기를 불러다
품에 품어 풍성케 하니
생명이 존재한다.
그래서 강은 살아 있다.
이 세상은 강물처럼 자비를 안고 흐른다.
그래서 살아 있다.
사람도 강물처럼 그렇게 흘러서 살아 있다.
사랑을 향하여 세월 속에 흘러서 살아 있다. (「태초의 강」)

    신앙의 근본이 '사랑'이라는 말의 뜻이 이러하리라. 그리고 이것이 나이지리아의 기근을 해결한 농학자가 40년의 세월을 거쳐 마침내 해결한 자신의 문제였으리라. 진리와 세속을 서로의 거울로 이해함으로써 신의 말씀과 이웃의 말씀을 동시에 경청하는 것이 해법의 단초였던 것이다. 그러한 일을 제대로 해내려면 자신은 항상 겸손한 주변인이 되어야 한다. 그는 시혜자가 아니라 말 그대로 배우는 자, 깨닫는 자가 되어야 하는 것이다. 그것을 시인은 '수직의 힘'이라고 부른다.

거울과 거울이 닿은 모서리에
나를 비친다.
왼쪽으로 가도
오른쪽으로 가도
언제나 나를 이 모서리에

비추어 준다.

수직 거울 앞에 나는

몸을 숨길 데가 없다. (「수직의 힘」)

수직의 힘은 '나'를 모퉁이에 놓는다. 모퉁이에 놓임으로써 나는 수직과 수평을 동시에 본다. 수직과 수평의 말을 동시에 듣는다. 모퉁이에서 보면, 수직과 수평은 언제나 각도를 반전할 수가 있기 때문이다. 수직이 수평이 되고, 수평이 수직이 되는 것이다.

나의 감동은 한상기 선생이 아프리카의 기근을 해결했다는 사실 그 자체보다 바로 이 모퉁이의 자리를 발견하고, 거기에 서슴없이 위치했다는 데에서 훨씬 크게 울린다. 그것이 바로 시의 힘이다. 가장 가녀린 영혼이 자신의 고통에서 평화를 이끌어내기 위해 자신을 낮추어 가며 이웃을 끌어안는 그 과정이 시 쓰는 삶이고, 그가 증거한 시의 힘인 것이다.

■ 시를 읽고

모순과 역설, 그 성찰의 노래

김래호(동화작가·언론인·대전대학교 겸임교수)

"바닷물에 손을 담그면 물살을 거슬러 올라가 어느 강의 물을 만지게 되는 것이다. 이곳에서 사막 먼지에 손을 올려놓으며, 나는 내가 태어난 땅을 만진다. 내 어머니의 손을 만진다." 2008년 노벨문학상을 받은 르 클레지오의 장편소설 『황금물고기』의 마지막 부분입니다. 밤이라는 뜻의 '라일라' — 그녀는 예닐곱 살 무렵에 납치된 아프리카의 한 소녀입니다. 소설은 주인공이 아랍지역과 프랑스, 미국 등지를 거쳐 귀향하는 15년의 여정을 생명력 넘치게 그리고 있습니다.

어느 날, 물이 전부인 아프리카 땅에서 우물 때문에 분쟁이 벌어집니다. 적의 가득한 크리우이가 부족은 소녀의 힐랄 부족을 유린하고, 아이들을 납치해 팔아넘깁니다. 이제 그녀는 세상바다에 널린 수많은 '그물과 어망'을 헤치고 유영하는 물고기가 되었습니다. 독자들은 이 이야기를 통해 저마다의 '여행'을 회상하게 됩니다. 벵자맹 가스티노는 "인생은 하나의 여행이며, 여성의 자궁에서 나와 대지의 자궁으로 되돌아가는 자는 모두 여행자"라고 규정했습니다. 처음의 한 점을 다시 만나야

원이 되듯 그 여정은 순환이며, 원점이나 출발점으로 돌아가는 원행입니다.

좁은 길 / 황톳길 / 진흙길 / 숲속 길 / 꼬부랑 길 / 그 얼마나 달렸던가요.
(「아프리카에서 산다는 건」)

한상기 박사님은 아프리카 대륙의 온갖 길을 걸으셨습니다. 말라리아에 걸리기도 하고, 거센 물살의 강 한가운데 고립되기도 하면서 23년을 보낸 길 위의 여정이었습니다. 가난한 대륙 사람들의 주식을 개량하는 헌신이었습니다. 흙과 길의 대지와 물과 강과 바다의 생명을 믿으며 종자개량을 통한 식량증식에 매진한 외길.

한 박사님이 '파암波岩이라는 아호를 따오신 야자수(palm)는, 시니피앙(signifiant)으로는 열대의 중요한 자원이지만, 그 시니피에(signifié)는 무수히 밀려오는 파도나, 그 물살을 말없이 포용하는 갯바위일 것입니다. 월든 호수에 살았던 헨리 데이비드 소로우는 "영성의 회복기에 접어든 사람만이 자연의 베일을 들어올린다"며 "먹고 사는 일이 직업이 아닌, 놀이가 되게 하라"고 권면했습니다. 단 몇 년간 자연에 안겼던 영성가의 정언과 견주면 파암의 핍진성이 미루어 짐작이 갑니다. 20여 년 동안 물과 돌, 나무를 벗 삼아 마침내 그들과 현동玄同한 천인합일天人合一의 대인大人 — 그것이 바로 파암이 추구한 경지일 것입니다.

파암에게 놀이터였던 아프리카. 그곳은 근대화 과정에서 급속한 산업화와 도시화, 물신화에 내몰린 현대인들이 늘 동경하고, 밟기를 갈망하는 최후의 성지입니다. 그런 땅에서 박사님은 '맥박을 장단 삼고 / 저 북극성을 나침반 삼아」(「사하라 사막의 작은 발자국」) 천하언재 天下言哉 — 말 없는 하늘의 소리에 감응하는 자신의 마음을 시로 풀어내셨습니다.

가뭄이 닥쳤을 때까지는
내 그늘의 소중함을 몰랐지
나무와 구름의 소중함은 고사하고 (「그때까지 난 몰랐지」)

『문심조룡文心雕龍』에서 유협은 "감동이 자연에의 선물이라면 시상詩想은 마음에의 보답 같은 것"이라고 표명했습니다. 변화와 순환을 거듭하는 자연과 마주하면 비단 시인이 아니더라도 늘 감동을 받게 됩니다. 언 땅에서 봄이면 올라오는 경이로운 새싹들, 장하게 퍼붓던 장맛비, 얼핏 그친 외경스런 하늘, 수북한 낙엽 사이로 부지런히 오가는 개미들, 자고 나면 낯섦과 뼈아픔 다 묻힌 설원. 시인은 이런 자연을 보다 은밀하게 접근해 살피고 마침내 숨겨진 질서와 진의를 오롯이 드러내는 존재들입니다.

정경교융精景交融 물아위일物我爲一. 정과 경이 경계 없이 녹아든 시 한 편. 여기에서 경이 앞서면 정수경생精隨景生 촉경생정觸景生精이고, 머금은 정을 경에 투사하면 이정입경移精入景 경종정출景從精出이 됩니다. 우리는 곧잘 슬픔과 기쁨, 시간과 공간, 씨줄과 날줄을 분리해 따로 생각하고 살아갑니다. 그러나 이런 양향은 대립과 모순이 아니라, 본래 하나입니다. 만물삼생萬物三生. 1에서 2가 나왔고, 다시 합쳐 3이니 정경이 만나 시가 되는 이치입니다.

살갑게 반기고 도우려는 파암의 마음은 '보리나 열매, 가뭄'에 숨겨진 진실을 찾아냅니다. 「낙엽」에서는 '귀띔과 암시와 소식을 받고 듣고 보면서도 아직 뚜껑을 열어 보지 못했다'고 자탄하는데, 전조를 파악하셨으니 이는 겸손일 것입니다. 또한 하늘뿐만 아니라 「땅 속의 돌」을 통해서는 대지와 끊임없이 호흡하는 일단을 내비치고 있습니다. "언젠가 다시 땅 속에 / 깊숙이 묻히게 되는 날 / 온몸의 이끼가 벗겨지길 바라"는 고백은 도가의 허정무위虛靜無爲와 맞닿아 있는 것입니다.

이런 섬세한 관찰력은 여러 시편에 투영되고 있습니다. "총부리와 대포, 폭탄에도 끄떡 않는"「강」. "엉겅퀴 꽃이 있건 말건 / 사막의 길이 있건 말건" 제길 가는 「구름도 가는 길이」. 종당에, 파암은 도토리 잎으로 만든 컵으로 옹달샘 물을 마십니다. 해·달·별·구름·이끼·올챙이·가랑잎이 담긴 물 — 그런 자연과 하나가 되는 것입니다. (「나는 보았다」)

> 강 이쪽에서
>
> 나이를 먹는데
>
> 강 건너 저쪽에서
>
> 늙어가네 (「강 건너 저 쪽에」)

「0=1」과 「껍질을 벗기고 또 벗겨」 같은 시편도 궤를 같이 하고 있습니다. 유생어무有生於無 — '있음은 무에서 생긴다'는, 『도덕경』을 관통하는 노자의 경지랄까요. 하이데거의 표현대로 이승에 '피투'된 모든 것들은 이름을 얻어 '있음'으로 존재하게 됩니다. 그런 이승에서 동식물은 생주이멸하고, 사람은 생로병사 하는데 회두리에는 온 곳인 '없음'으로 돌아갑니다. 그런데 직선적인 시간관을 가진 미숙한 이들은 시간의 순환성을 좀처럼 이해하려 들지 않습니다.

우리는 "꽃이 열매의 상부에 피었을 때"로 시작하는 김수영의 시 「공자의 생활난」을 기억합니다. 바로 그 순환의 곡점을 살펴 불거기화不居其花 하라는 뜻을 새겨야 합니다. 대음희성大音希聲 대제불할大制不割 ― 진정으로 크니 들을 수도, 분할되지도 않는 '대大'입니다. 노자는 삼라만상을 내고 거두는 대를 부득이 '도道'라 명명했는데, 곧 힌두교의 '브라마'이자 불교의 '니르바나'이며, 공자의 '천도'고 기독교의 '하나님(하느님)'입니다. 틀린 것이 아니라 다른 현현임을 알아차린 사람들은 '사람다운' 한뉘를 추구하며 평화롭게 소요유逍遙遊합니다.

파암의 많은 시편에 등장하는 하느님 ― '강 건너 저편에도 / 이편에도 존재하는 분'은 나도 되는 즉자아卽自我입니다. 「0=1」은 "회주의 소가 풀을 뜯어 먹는데 / 익주 땅 말의 배가 불렀네"라는 선시와 다르지 않습니다. 불토의 석가 앞에서는 모두 빈자들이니 누가 먹고 배불러도 그만일 터. '0과 1'의 하느님 안에서 나는 있기도 하고 없기도 한 이명동체異名同體입니다.

나무에 "불을 붙여 주시는 주님"(「나는 나무야」). "피안의 하늘나라를 향해 가는 사공이 믿고, 사랑하고 기도하는 주님"(「나는 사공입니다」). 곧 "나의 있음과 모양, 마음의 생명인"(「나의 진리와 생명」) 그분입니다. 파암은 이로써 열매로 가는 자연의 순환에 동참하면서 없음에서 온 있음, 그 소여들을 사랑한 것입니다.

미하일 바흐친은 "우주적 두려움은 엄격한 의미에서 신비로운 것이 아니라 물질적으로 거대하고 정의할 수 없는 권능 앞에서 느끼는 두려움"이라고 정의했습니다. 기실, 그 권능에 대한 도전이 인류문명사일 것입니다. 로저 샤툭은 『금지된 지식』에서 "우리는 과학의 스핑크스와 예술의 유니콘 사이에서 조심스럽게 걷고 있다"고 결론을 내렸습니다. 식물육종유전학 박사로서 파암은 '권능'의 언저리를 맴돌며, 유니콘적 기질로 시를 써오셨습니다. 하여 우리에게 스핑크스적인 화두를 던집니다. 카롤로스 마리아 슈텔렌의 체험과 스페인 산또 또메 성당의 「오르가스 백작의 장례」 그림의 속내가 담긴 「낮에는 둘, 밤에는 하나」의 전문을 보십시오.

    낮에는 둘 / 밤에는 하나 // 이 진리를 믿으시오
    그러면 알리외다 / 그러면 그 뜻을 알리외다

  우리가 처음 만난 소녀 라일라. 그녀는 마침내 출생지로 돌아와 바닷물에 손을 담그면서 잃었던 날을, 사막의 먼지에 손을 올려 어머니를 되찾았습니다. 한 마리의 황금물고기인 파암 한상기 박사님 — 한국의 산골, 충청도 청양 땅에서 시작된 그의 유영은 아프리카 70여 개 나라의 '그물과 어망'을 헤치고 귀향하는 여행이었습니다.
  지금, 여기의 시편들은 "하느님과 하나로 일치된" 깊디깊은 그 바다의 윤슬입니다. 파암은 최근작인 「나와 내 이름」에서 어렸을 적 함께 살았던 '이름'이 세상에 알려지자 나를 버리고 떠났노라 토로했습니다. 집 나가 둘이었던 허명虛名은 언젠가 무덤 앞 돌비석에서 빛날 정명正名이 될 것입니다. 일즉일체一卽一體 진여실상眞如實相의 그 '있음과 없음'의 모순과 역설의 여행 — 그 한뉘에서 깨친 박사님의 진리의 노래가 곡진하고 청청할 뿐입니다.

한상기 명상시집
아프리카, 광야에서

초판 1쇄 발행 2014년 3월 25일
초판 2쇄 발행 2014년 5월 20일

지은이 한상기
펴낸이 김혜승
디자인 김경옥

펴낸곳 따뜻한손
등 록 제13-1345호
주 소 서울특별시 종로구 명륜동 1가 33-90 화수회관 303호
전 화 02-574-1114 02-762-5115
팩 스 02-761-8888
홈페이지 www.humandom.com

이 책의 저작권은 저작권자에게 있습니다.
저작권자의 허락 없이 사진과 글을 인용하거나 발췌할 수 없습니다.

잘못된 책은 바꿔 드립니다.
가격은 뒤표지에 명시되어 있습니다.

한국어판ⓒ 따뜻한손, Humandom Corp. 2014. Printed in Seoul, Korea
ISBN 978-89-91274-60-0